XIANDAI FENGXIANDAOXIANG SHENJI YU XIAOXING

现代风险导向审计与小型

KUAIJISHI SHIWUSUO SHENJI ZHILIANG YANJIU

会计师事务所审计质量研究

胡晶玲　著

西北工業大學 出版社

西安

图书在版编目(CIP)数据

现代风险导向审计与小型会计师事务所审计质量研究/胡晶玲著. —西安 ：西北工业大学出版社，2018.4

ISBN 978-7-5612-5964-1

Ⅰ. ①现… Ⅱ. ①胡… Ⅲ. ①会计师事务所—审计质量—研究—中国 Ⅳ. ①F239.22

中国版本图书馆 CIP 数据核字(2018)第 077346 号

策划编辑：付高明　李栋梁

责任编辑：杨丽云

出版发行：西北工业大学出版社

通信地址：西安市友谊西路 127 号　　　邮编：710072

电　　话：(029)88493844　88491757

网　　址：www.nwpup.com

印 刷 者：陕西金德佳印务有限公司

开　　本：787 mm×1 092 mm　　　1/32

印　　张：8

字　　数：174 千字

版　　次：2018 年 4 月第 1 版　　　2018 年 4 月第 1 次印刷

定　　价：46.00 元

前　言

现代风险导向审计自20世纪90年代被提出以来，因其对审计效率以及审计效果都起到了促进作用，所以得到了社会的广泛运用，但其主要是集中在大型会计师事务所。而小型会计师事务所，在我国从数量上来说占有绝对优势，因此对小型会计师事务所的质量如何评价，如何将现代风险导向审计运用于小型会计师事务所以及进一步提高小型会计师事务所的审计质量，这些问题的研究对于提高我国民间审计的整体审计质量具有重要意义。

本著作由三峡大学科技学院的胡晶玲独立完成。本著作在编写过程中参考了大量的论文、专著和教材，同时也得到了有关专家学者、会计师事务所和出版社的大力支持，在此，向他们表示诚挚的感谢。本著作编写有一些不足之处：①本著作以小型会计师事务所为研究对象。其中，主要以湖北省宜昌市的会计师事务所的现状为例，在本著作中的有些特点可能会具有地方性，而不能比较全面地反映总体水平。②本著作运用了层次分析法对小型会计师事务所的评价指标体系进行实证分析。由于层次分析法相关性的设定具有主观性，因此，不同学者可能会有不同的看法。

由于水平有限，书中难免存在疏漏和不足之处，敬请广大读者批评指正。

胡晶玲

2018年2月

目录

第一章 审计质量研究的相关背景与意义

第一节 问题的提出

一、准则修订的内涵

2006 年 2 月，中国注册会计师协会制定了 22 项准则，并对 26 项准则进行了必要的修订和完善，自 2007 年 1 月 1 日起在所有会计师事务所施行。这次准则修订的最大特点是全面确认风险导向审计思想。与此同时，会计师事务所也纷纷加强了对审计风险的研究，并借鉴 COSO 发布的企业风险管理征求意见稿所提供的企业风险分析框架，在审计实务中强化审计风险评估与控制。

然而，2008 年全球金融危机发生后，国际上对提高审计质量、提升审计报告信息含量的呼声日趋强烈，同时，我国面临着深刻的经济社会转型期，如何有效建立信息披露制度，提高公司财务信息可信度，有效防范审计风险成为完善社会主义市场经济环境的内在要求。

在风险导向审计确立其地位的第10年，2016年12月，为了适应资本市场的改革与发展，满足政府部门、监管机构和投资者日益迫切的要求，财政部在广泛征求意见的基础上，借鉴国际审计经验和成果，印发了《在审计报告中沟通关键审计事项》等12项中国注册会计师审计准则(新审计报告准则)。新准则发布将会提高审计报告的信息含量，增强其决策相关性；提高审计报告的沟通价值，增强审计工作的透明度；强化注册会计师的责任，提高审计质量。

两次审计准则的大修订，2006年是全面确认风险导向审计思想，2016年是对审计质量提出了更高的要求，以此来说明了以下两个方面的问题，一是随着社会的进一步发展，对审计质量的要求越来越高，随之会计师事务所的审计风险也越来越大；二是经过实践检验，现代风险导向审计是适应经济发展要求的，但是需要不断地与时俱进。

二、日益加强的行业监管

根据来自证券时报2017年4月1日的报道，自2015年年底，我国国务院常务会议明确提出加强对会计师事务所等中介机构的监管以来，监管问责频次与力度持续明显增加，并逐渐形成对中介机构“常态化、重点化、随机化”的监管态势。

2017年1—4月，审计中介机构更成为监管“重灾区”，多家中介收到监管“黄牌”，引发行业震动。尤以内资所“老大”的瑞华会计师事务所为代表，不到半年时间，其连遭监管6次“点名”，其中，2017年2月，因在键桥通讯2012年、亚太实业2013年的两单年审业务中未勤勉尽责，被财政部、证监会责令自2017年1月6日起暂停承接新的证券业务并限期整改。

同时，近年来证监会针对会计师事务所的处罚呈现了三大变化：处罚力度加强；监管检查更具针对性；处罚信息披露详细充分、清晰完整。

2016 年，证监会针对会计师事务所作出了几次比较典型的处罚。2016 年 7 月对北京兴华会计师事务所的处罚为没收业务收入 322.44 万元，并处 967.32 万元罚款；2016 年 7 月对立信的处罚为没收业务收入 70 万元，并处 210 万元罚款；2016 年 8 月对利安达的处罚为没收业务收入 205 万元，并处 205 万元罚款。除对利安达没收和罚款额度相等外，对北京兴华和立信会计师事务所的罚款额度，均达到了业务收入的三倍。

在这样的背景下，会计师事务所必须重视审计质量的提升，否则，将面临巨大的风险。

三、层出不穷的审计失败

注册会计师行业作为市场机制下的“经济警察”，肩负着对会计信息鉴证并发表审计意见的责任。但是，国内外证券市场若干事件的出现，以至该行业面临着一种尴尬境地。

(一)“欣泰电气”事件

2016 年 7 月 29 日，证监会新闻发言人张晓军通报，证监会对 4 宗案件作出行政处罚和市场禁入，其中包括对欣泰电气（ * 欣泰，300372）欺诈发行一案所涉及的中介机构兴业证券（601377）和兴华会计师事务所。证监会决定对签字注册会计师王全洲、杨铁辉采取 5 年证券市场禁入措施，对签字注册会计师王权生采取 3 年证券市场禁入措施。

2016年7月初，证监会公布了欣泰电气欺诈发行和信息披露违法违规案行政处罚结果，对欣泰电气责令改正，给予警告，并处以832万元罚款；对欣泰电气董事长、实际控制人温德乙给予警告，并处以892万元罚款；对欣泰电气总会计师刘明胜给予警告，并处以60万元罚款；对其他15名责任人员分别处以3万元至20万元不等的罚款。同时对温德乙、刘明胜二人采取终身证券市场禁入措施。

张晓军指出，兴业证券作为保荐机构，在推荐欣泰电气申请首次公开发行股票并在创业板上市过程中，未按照《证券发行上市保荐业务管理办法》《保荐人尽职调查工作准则》要求，对欣泰电气应收账款和银行存款情况进行审慎核查，出具的发行保荐书和财务自查报告中存在虚假记载。兴业证券作为主承销商，在欣泰电气公开发行股票过程中，未审慎核查公开发行募集文件的真实性和准确性，未发现招股意向书和招股说明书中的有关财务数据存在虚假记载。兴业证券出具的保荐书等文件存在虚假记载的行为，违反了相关法律法规规定；兴业证券未审慎核查欣泰电气公开发行募集文件的真实性和准确性的行为，违反了《中华人民共和国证券法》(以下简称《证卷法》)第31条的规定。

证监会指出，案发后兴业证券和相关人员能够配合调查，积极研究制定先行赔偿方案，将补偿投资者相应的投资损失。依据相关法律规定，证监会决定对兴业证券给予警告，没收保荐业务收入1 200万元，并处以2 400万元罚款，没收承销股票违法所得2 078万元，并处以60万元罚款；对保荐代表人兰翔、伍文祥给予警告，并分别处以 30 万元罚款，撤销证券从业资格。此外，证监会决定对保荐代表人兰翔、伍文祥采取 10 年证券市场禁入措施。

此外，证监会指出，兴华所作为审计机构，在对欣泰电气首次公开发行股票并在创业板上市期间财务报表及欣泰电气 2013 年、2014 年两年财务报表审计时，未按照《中国注册会计师审计准则》《中国注册会计师鉴证业务基本准则》要求，对欣泰电气财务报表中应收账款、应付账款、预付账款等科目明细账存在的大量大额异常红字冲销情况未予以关注，未对应收账款、预付账款等科目中部分客户未回函的询证函实施替代程序，未对银行账户的异常情况予以关注，未能发现欣泰电气 2011 年至 2014 年期间通过外部借款、使用自有资金或伪造银行单据的方式虚构应收款项的收回从而调整相应科目余额的财务造假行为。

证监会认为，兴华所作为欣泰电气上述会计期间财务报表的审计机构，未勤勉尽责，出具的相关财务报表审计报告存在虚假记载。兴华所上述行为违反了相关法律规定，因此，证监会决定对兴华所责令改正，没收业务收入 322.44 万元，并处以 967.32 万元罚款；对签字注册会计师王全洲、杨轶辉、王权生给予警告，并分别处以 10 万元罚款。

此外，证监会决定对签字注册会计师王全洲、杨轶辉采取 5 年证券市场禁入措施，对签字注册会计师王权生采取 3 年证券市场禁入措施。

（二）立信被罚

立信受处罚源自对上海大智慧股份有限公司（以下简称“大智慧”）2013 年的审计报告。

2016年7月20日，证监会作出的《行政处罚决定书》认定，立信作为大智慧2013年财务报表审计机构，出具了标准无保留意见的审计报告。但在审计过程中存在四项违法行为。

《行政处罚决定书》显示：立信未对销售与收款业务中已关注到的异常事项执行必要的审计程序；未对临近资产负债表的非标准价格销售情况执行有效的审计程序；未对抽样获取的异常电子银行回单实施进一步审计程序；对于大智慧2014年跨期计发2013年年终奖的情况，未根据重要性按照权责发生制原则予以调整，未对大智慧全资子公司股权收购购买日的确定执行充分适当的审计程序。根据《证券法》第223条的规定，责令立信改正违法行为，没收业务收入70万元，并处以210万元罚款。对签字注册会计师姜维杰、葛勤给予警告，并分别处以10万元罚款。

立信对处罚决定表示不服，申请行政复议。2016年11月7日，证监会发布《行政复议决定书》，维持此前作出的处罚。

《行政复议决定书》又详细分析了部分违法事实。例如，2014年2月28日，大智慧披露了2013年年报，其中通过承诺"可全额退款"的销售方式提前确认收入、以"打新股""理财"名义进行营销虚增收入、延后确认年终奖以少计当期成本费用、提前确认全资子公司股权收购购买日以虚增合并财务报表利润总额等方式，虚增利润约1.2亿元。立信在对大智慧2013年财务报表进行审计的过程中，在识别、评估销售与收款业务中的异常事项、年终奖跨期确认成本费用的会计处理、全资子公司股权收购购买日的确定等方面未执行充分的审计程序。

以上两个案例只是最近两年发生的关于会计师事务所因违法

而被罚的冰山一角，这些都暴露出会计师事务所本身存在的问题，这样的问题严重影响了公众对注册会计师行业的信任，因此，如何提高审计质量，重获公众信任，是具有重大意义的事情。

第二节　国内外研究综述

一、关于现代风险导向审计

（一）国外研究现状及趋势

1957 年，《蒙哥马利审计学》第八版第一次将“风险”这一概念与审计程序的设计紧密联系起来，开始探索审计风险控制的措施和审计方法的改进。至 20 世纪 70 年代，审计风险控制模型开始在审计实务中被陆续采用。审计风险模型的产生使审计技术又向前迈进了一大步。审计工作从此围绕着以风险评估为中心，整个审计工作就是把审计风险控制在可接受水平。这就是传统的“风险导向审计”。2001 年，美国“安然事件”的发生，人们开始重视传统审计模式的弊端。Bell，Mazrs. Solomon 于 1997 年发表了《战略系统下的审计组织》一书，强调审计风险与企业的战略风险和经营风险是不可分割的，威胁企业经营的风险也是影响审计风险的来源。这一理论也被称为“现代风险导向审计”。2002 年 6 月 11 日至 15 日，国际审计实务委员会第 70 次会议在北京召开，会议的议题之一就是绘制出新的审计风险模型。2004 年 2 月，国际会计师联合会下属的国际审计与鉴证准则委员会颁布了《国际审计准则 240 号——审计师在财务报表审计中对错误和舞弊考虑的责任》。

美国审计准则委员会于2006年发布了审计风险系列准则。

(二)国内研究现状及趋势

20世纪90年代,我国不少学者介绍风险导向审计,如管锦康、胡春元等。管锦康将风险导向审计作为审计取证的入手方法来介绍。胡春元认为:"风险导向审计立足于对审计风险进行系统的分析和评价,并以此作为出发点,制定审计战略。"此外,我国不少学者发表了大量文章,从审计模式的演进过程,探讨传统审计模式和风险导向审计模式的得失和适用的环境,以期对风险导向审计模式有一个较全面和务实的认识。"银广夏事件""东方电子事件"发生后,国内会计职业界在反思审计失败的同时,呼吁推行风险导向审计模式,以降低审计风险;而美国"安然事件""世通事件"发生后,人们开始怀疑风险导向审计模式,认为风险导向审计导致审计偷工减料,从而增加审计风险。2004年2月,陈毓圭在《会计研究》上发表《对风险导向审计方法的由来及认识》一文,拉开了国内理论界全面关注现代风险导向审计的序幕。根据大部分实证研究结论,现代风险导向审计准则的实施将有利于提升审计质量(吴青川,2015年)。现代风险导向审计对审计投入或审计效率的影响研究较少。韩晓梅、郭威(2011年)发现现代风险导向审计提高了会计师事务所的审计效率及其对高风险客户的关注程度;杨明增等(2014年)发现,自现代风险导向审计准则实施以来,会计师事务所明显增加了审计投入,且企业经营风险越高,审计投入越大。

我国的审计准则从一开始就是借鉴国际惯例,并在国际审计准则的基础上制定的。国内关于现代风险导向审计的研究对象都是以具有证券资格的大型会计师事务所,在我国,中小型会计师事务所的数量众多，在中小型事务所中运用现代风险导向审计更具有理论和现实意义。

二、关于审计质量内涵

（一）国外研究综述

根据 Deangelo（1980 年）的观点，现任会计师具有专属于某一客户的准租金（等于审计收费扣除可避免成本的差额），后任会计师如果要接任该公司审计须负担启动成本；在竞争激烈的市场中，因为准租金是专属于某一客户的，会计师可能会降低首次审计的收费以期获得准租金，他们也可能为了留住客户而丧失独立性或不披露已发现的重大错误与舞弊。事务所规模可能影响这种机会主义的行为，因为大规模的事务所有较多的审计客户，它们丧失声誉后的损失更大（具体表现为客户减少或营业收入减少），而且，失去某一客户对其事务所生存的威胁较小。因此，对于大规模的事务所来说，由于其客户众多，不可能为了某一客户铤而走险，相应地，出现有悖执业规范行为的概率就较低。

不过，经过与客户的长时间接触，会计师可能会变得对审计证据等较少表示异议，较少采用有创意的审计程序，或者不能保持应有的职业谨慎。也就是说，随着与客户业务关系维系时间的延长，审计质量可能会逐渐下降。

Watts 和 Zimmerman（1983 年）认为，事务所规模能够在一定程度上传递其审计质量信息，即大规模的会计师事务所能够保证其提供的审计服务是高质量的。Clive S. Lennox （1999 年）也认为，在“深口袋”理论下，大规模的会计师事务所有动机提高其审计质量，以避免由于审计失败而带来的巨大损失。Petroni 和 Beasley(1996 年)在研究中以被审单位的会计估计差错作为衡量审计质量的指标，经实证研究发现事务所规模与其并不存在显著关系，即事务所规模与其审计质量之间不存在直接关系。

Zoe-Vonna Palmrose(1988 年)把诉讼作为区分事务所质量的一个指标，并假定审计质量与诉讼存在反向的关系。如果会计师被起诉次数相对较少就可以将之视为高质量审计业务的提供者。在其研究过程中，Zoe-Vonna Palmrose 对会计师败诉并支付赔偿金、会计师与起诉方庭外和解并支付赔偿金、会计师没有给付赔偿金等多种情形进行了详细的分析，其研究结果表明，非“八大(Big Eight)”事务所作为一个群体其诉讼发生率比“八大”事务所要高。

Defond，Mark L(1992 年)对多位学者的研究成果加以归纳，并提出：审计质量本身难以量化，但是可以用以下指标来作为评价审计质量的间接标准。

(1)事务所规模。事务所规模的确定以接受其审计服务的客户销售收入合计数为基础。

(2)品牌声誉(Name-brand Reputation)。“八大”具有国际品牌，一般将“八大”作为品牌声誉的象征，它们也被认为是审计质量最高的事务所；稍次于它们的是全国性事务所，这些事务所在国内享有较高声誉；最后是执业范围局限在当地的小事务所。

(3)行业专长。行业专长(用某一事务所拥有的某行业的客户数量占该行业客户总数的比例来计量)可以用来评价事务所的可信度。具有行业专长的事务所在发现该行业财务报表的违规行为方面具有更强的鉴证能力，审计质量也较高。

(4)独立性。通常认为，事务所愿意报告客户存在违规行为的最强烈信号是预期的会计师独立性。其理由是对某一客户的收费占事务所营业收入总额的比例越高，事务所就越不愿意披露该客户的违规行为。

(5)若干指标的混合。事务所规模、品牌声誉、行业专长和独立性作为一个整体将会提供更多的有关事务所审计质量的信息。

Gary Colbert 和 Dennis Murray (1999 年)将研究扩展到了注册会计师的注册要求上，即从事务所层面的审计人员质量来进行研究，并以注册会计师数量来衡量事务所规模。他们调查了美国各州的注册会计师的注册要求，包括大学会计教育、审计和商业的学习、公共会计经验等规定。在以事务所同业互查排名来替代其审计质量下的研究结果表明，审计质量与管理是否严格没有联系，但是和会计师事务所规模之间存在正相关。由此表明，规定的教育制度对于提高审计质量效果不明显，因而他们认为采用通用的注册会计师执业要求更为合适。

Krishnan(2003 年)认为注册会计师具有某一行业上的专长可以降低其审计企业的盈余管理。通过以事务所在某一行业的市场份额来衡量行业专长，用可操纵性应计利润来衡量盈余管理程度，结合六大会计师事务所客户的数进行分析。分析结果表明，不具有行业专长的事务所报告的所审计公司的可操作性应计利润相对较高一些。即具有行业专长者能够通过降低客户盈余管理来提高其审计质量。

Hyeesoo Chung 和 Sanjay Kallapur (2003 年)以客户费用和

非审计服务费用占事务所收入比例作为衡量顾客重要性的指标，以非正常应计项目作为衡量独立性的指标，进而研究了客户重要性和注册会计师独立性之间的联系。研究表明，两组数据之间并没有明显的联系，即事务所对客户的经济依赖性与其审计质量之间并没有直接的关系。他们同时指出，注册会计师的独立客观与客户操控盈余的动机和机会、公司治理和其专业性有关。

Kimberly A. Dunn 和 Brian W. Mayhew（2004 年）以会计师事务所在某一行业的审计服务营业额作为替代行业专长的指标，研究了其与公司报告披露质量之间的关系。研究显示，在政府没有进行管制的行业中，具有行业专长的事务所与排名有正向关系。

Gregory 和 Urna Velury（2005 年）研究了管理层持股与事务所审计服务质量之间是否存在联系。并由此发现，投资者的所有权和管理者的经营权的分离，使得所有者有动机通过提高公司审计质量而降低其代理成本。当管理层利益侵占的风险降低时，高审计质量的需求也会降低。即利益分歧对审计质量有较大影响。

Chee Lim，David Ding 和 Charlie Charoenwong（2013 年）研究了非审计服务对审计质量的影响，并以操控性应计利润和盈余反应系数作为其替代指标。研究结果同时表明，非审计服务费用和审计质量之间的关系受到制度性监督的影响。

Arezoo Aghaei Chadegani 和 Zakiah Muhammaddun Mohamed（2014 年）认为，注册会计师对于审计工作的质量起到主要作用，因而对于审计质量的研究应与个别审计人员工作直接联系起来，同时，民族文化等公司层面的因素对于审计质量的进一步研究也应当探索。

通过对国外的相关文献进行分析之后可以看出，国外的专家对审计质量的研究较早，一方面对审计质量的内涵进行了定义；另一方面对影响审计质量的因素进行了分析，但是，最终并没有对审计质量形成一个统一的评价体系。

(二)国内研究综述

1. 审计质量影响因素

王健姝、陈汉文(2010 年)认为在事务所任期的前一部分服务期间，其审计质量较低；而在长期的事务所任期下，并没有发现审计质量更低或更高的证据，即事务所并没有降低审计质量。

关瑞兰、张健(2011 年) 从审计主体、审计客体、审计报告的形成过程和审计质量的内部控制管理四个方面出发，通过理论分析，分别选取了相应的成因指标，通过研究认为，量化事务所工作质量的成因因素对于提高审计质量更有意义。他们建议事务所可以针对量化指标来有针对性的采取措施。

刘彬、韩传模(2011 年)研究了事务所组织形式，分析了其各自的特点，并进而研究了组织形式与审计质量的联系。研究认为，特殊普通合伙制下的事务所有助于提高其审计服务质量。

张梅(2011 年)通过研究表明，在信息不对称程度较高，即本地事务所相比之下，掌握更丰富的客户信息时，本地事务所的审计质量会高；而政府如果干预程度较大，就会损害审计人员的独立性，导致本地事务所的审计质量将降低。

项嘉旎、程博(2012 年)构建了审计的“文化—行为—质量”关系的概念模型，并认为这三者是递进影响的关系。其中，审计文化又包括物质、制度、精神三方面，而这三者又是相互影响的。

李晓慧、吴雅楠(2012 年)研究发现,行业专长、特殊合伙制的组织形式可以提高审计质量,而事务所治理如风险控制等,对于质量的控制也有帮助。而事务所规模要与其软硬实力相当,并不提倡一味扩大规模。

杨柳(2013 年)提出,应从提高审计人员的素质、推动事务所做大做强、加强审计收费监管和加强审计过程控制四个方面来采取措施,进而提高审计质量。

吴伟荣、郑保红(2014 年)认为签字注册会计师既有任期与审计质量呈倒 U 型关系;签字注册会计师预期任期与审计质量正相关;媒体监督在既有任期影响审计质量中起到了正向调节作用,但在特殊普通合伙制中强于有限责任制,在非国有公司中强于国有公司;媒体监督在预期任期影响审计质量中尚未起到调节作用,但在特殊普通合伙制和非国有公司中却起到了正向调节作用。

张健、魏春燕(2016 年)认为,由转制引起的法律风险提升有效地约束了注册会计师个人行为,促使注册会计师更加积极地利用审计经验来提高审计质量。

2. 审计质量评价

孙永军、丁莉娜(2009 年)认为现行综合评价方法存在收入占主要权重、定性分析有一定武断性的缺陷。此外,由于地区间发展的不平衡,也将会引起恶性竞争等问题。

万佳、陈颖(2010 年)应用层次分析法(AHP)确定分析后的具体指标的权重,建立了一个多层次的审计质量评价矩阵。之后,应用专家调查法对立信大华会计师事务所独立审计质量进行了进一步的分析,从而验证了建立的评价体系的可行性。

徐飞(2011 年)构建了基于审计流程的审计质量博弈模型,并分别进行了审计过程的博弈分析和审计结果的博弈分析。通过博弈研究,提出政府应该加大管理力度,规范审计收费。

阎银泉(2013 年)认为对于事务所,应将系统风险的检查和审计项目质量的评价结合起来,以避免评价指标的局限性。同时,应当利用访谈、现场测试等方法来还原审计的过程,才能真正有效地对审计质量进行评价。

冯莉(2014 年)根据审计质量的影响因素,选取会计师事务所的执业能力和规模、会计师事务所的内部管理和注册会计师的素质作为一级指标,以及与三个一级指标分别相关的共九个指标作为二级指标,对会计师事务所的审计质量进行评价。

刘蕊(2015 年)通过查阅审计质量相关文献,论述了其两个基本点,即内涵和特征,结合中注协 2014 年发布的《会计师事务所综合评价办法》《2014 年会计师事务所综合评价前百家信息》,在已有的理论研究基础上,利用因子分析法建立了一个会计师事务所审计质量评价体系,她认为会计师事务所规模是影响事务所审计质量的主要因素。

虽然我国的审计行业发展历史不长,但是专家学者对审计质量的影响因素研究很多也很深入。对于影响事务所审计质量的因素,涉及到规模、任期、行业专长、非审计业务、法律责任和公司治理等诸多方面,采用的方法既有规范研究,也有实证研究。然而,一方面,中国的经济社会状况有其特殊性,借鉴国外学者的研究成果来对我国的审计质量影响因素进行研究,需要对相关因素和指标进行更深入的分析,才能在使其符合我国社会环境的条件下得到有效的结论;另一方面,在进行实证研究时,各个学者专家对于审计质量和其影响因素的替代指标的选取、相关数据的搜集等,都存在着很大程度的差异。对同一因素的研究有时也会出现相反的结论。

对于事务所审计质量评价的研究,学者借鉴了实证研究的模式,尝试建立一套基于我国社会经济状况的审计质量评价体系。各个专家学者基于自己的经验或研究,都形成了各自的评价体系。但是,哪些才是影响审计质量的主要因素,这些因素如何量化,如何合理确定各指标权重,指标体系是否适用等问题依然是百家争鸣,无法达成一致。因此,在实务中并没有一个公认的评价模式。

本书在总结国内外专家学者的研究成果的基础之上,拟以小型会计师事务所为研究对象,对会计师事务所的审计质量内涵、评价进行探讨,就如何在小型会计师事务所实施现代风险导向审计进行案例分析,找出目前小型会计师事务所实施风险导向审计存在的问题,并提出建议。

第二章　现代风险导向审计的演变

第一节　账表导向审计

一、账表导向审计的目标

资本主义前期的受托经济责任，都属于主人－管家型，19世纪中期兴起的英国股份公司，亦沿袭了这种观念，这说明了这种状况的受托经济责任基本上集中在不舞弊，不中饱私囊方面。因此，作为责任的受托方，只要能证明其操行清廉，即可解除受托人的受托经济责任。与这种受托经济责任的内容相适应，那时的审计采取的也就是对会计账簿和凭证的详细审查。那时的审计目标就在于揭露各种错误、舞弊和不忠于职守的行为。

如上所述，早期审计工作的主要目标是查错揭弊，这时，一般采用账表导向的审计方式。这种审计方法是围绕着会计账簿、财务报表的编制过程进行的。它通过对账表上的数字进行详细核实来判断是否存在舞弊行为或技术性错误。

当审计工作是以检查错误和舞弊为主要目标时,采取的账表导向审计的重点是以交易为基础的详细审查,以交易为基础的全部工作都是围绕着交易过程进行的。通过对报表、账簿和凭证的详细检查来判断是否存在舞弊行为或技术性错误。

早期的审计工作是围绕着记录会计交易的账簿、凭证来进行的,通过大量的凭证检查以及对不同账簿中相关交易事项分录的比较,以及将账簿中对于交易的记录与交易的原始文件的比较来发现会计工作中的问题。审计人员对于会计记录以外的事项不感兴趣,审计人员取得证据主要来自会计部门内部。当财务报表审计开始流行以后,审计方式开始向以交易为基础的抽查方向发展。在这一阶段,审计工作主要是围绕着财务报表项目进行的,由于审计范围的扩展和企业规模的扩大、业务量增多等因素,审计人员开始采用抽查测试技术,只是抽查的数量仍然很大,而且在抽查样本的选择方面仍然是以判断抽样为主。

二、账表导向审计的局限性

账表导向审计的发展过程主要经历了数据稽核、账簿审计、详细审计、资产负债表审计和全面财务报表审计等阶段。演变过程可归纳为:

详查收入和支出→全面详查→全面审查财务报表项目

不管如何演变,在这段历史上,审计都是以审查账表上的会计事项为主线,所以称为账表导向审计。

账表导向审计的缺点如下:第一,这种审计方式耗费大量的人力和时间。每一笔交易从原始凭证到与交易有关的各类会计文件的形成,及其在会计系统内的周转过程,对此进行详细检查是一项繁重复杂的工作。第二,即使采用有限制的抽查技术,但由于对会计系统的不了解,容易造成由于抽查原因而遗漏重大有问题项目的事件。第三,由于以交易为基础的审计工作主要是围绕着交易开展的,因此不容易发现会计工作中的程序性错误,对于会计系统中的缺陷和不合理现象也很难发现,这样即使查出了技术性错误或舞弊的情况,也不能追根溯源,堵塞漏洞,避免重犯。

经过长时间的探索,审计人员越来越清楚地认识到单纯围绕着账目进行审查计,已经不能圆满地完成审计任务,必须寻找更为可靠、更有效率的审查方法。在审计实践中,审计人员逐渐发现会计系统的可靠性对于审计工作来说具有重要的意义。当会计系统中责任明确、控制健全时,审计工作很容易进行,审计风险也很小。而对一个控制不严、缺陷众多的会计系统进行审查,不仅费时、费力,而且存在很大的审计风险。于是审计人员开始将其注意力转移到会计系统的可靠性方面。对于会计系统可靠性的要求,实际上是从资产负债表审计开始发展时就已经提出了。

很明显,20 世纪初的资产负债表审计,虽然是对企业期末财务状况的静态数字的分析与检查,审计的主要目标是证明企业会计记录的正确无误和揭发舞弊行为,但是当时已经产生了评价会计系统可靠性的需要。这种最初的对于评价会计系统可靠性的需要,可以说是一种新型审计方式——系统导向审计产生的萌芽。

第二节　系统导向审计

一、系统导向审计的目标

进入20世纪后，受托经济责任的内容有了重大变化，审计技术和方法也发生了相应的重大变化。20世纪20年代初美国审计职业界面临着另一受托经济责任。这种受托经济责任最早来自企业寻求短期商业贷款，后来则是因向社会发行债券、筹集资金而产生的。与先前的受托经济责任相比，这种受托经济责任关系有如下特点：①经济责任委托人已不再限于股东，而扩大到贷款的银行和作为未来投资者的一般大众；②这种受托经济责任要求承担经济责任的一方，在受托经济责任关系正式确定以前，先提交说明其财务状况的报告，以便决定是否托付资金；③这种报告的目的，不在于说明经营者是否存在账目的差错乃至舞弊行为，而在于如实说明经营状况和财务成果，使现有和未来的出资人（受托经济责任关系中的委托人）决定是否出资和增资。

受托经济责任内容出现的上述变化，使审计目标发生了相应变化，从发现舞弊和不合法行为说明财务报表的可信性，进而呼唤着审计技术和方法创新。对舞弊和各种差错的审查，只能借助于对账证的详细核查，在内部控制不健全的时代尤为如此。而验证财务报表的可信性则要借助于评审内部控制系统，这就导致了系统导向审计方法的产生。

经济发展的外部因素也使得审计工作越来越依赖于组织的内

部控制系统，这种趋势可以归纳为以下两点。

(1)随着经济的不断发展，出现了很多经营规模较大的大型企业，交易过程越来越复杂，对各项合理性的判断也因为交易环节的增加而越来越困难，在这种情况下，审计工作不得不依赖于企业内部控制系统的自我控制作用。

(2)由于企业规模的不断扩大，交易数量也急剧增多，已经不能继续应用传统的审计方式，强调对账簿凭证的大量检查，这使抽样技术得到了广泛的应用。企业内部控制系统是否健全可靠已经成为能否成功地应用抽样技术的先决条件。如果内部控制系统中的薄弱环节很多，就要相应扩大抽查范围并增加样本数量。

在新的形势下，传统的审计方式已经不能适应需要。经过长时间的实践探索和理论上的总结与提高，以系统为基础的审计方式在 20 世纪 50 年代初期开始在英美等西方主要资本主义国家中得到应用。以系统为基础的审计重点放在对系统内各个控制环节的审查上，目的在于发现系统中控制的薄弱环节。发现了这些薄弱环节，实际上就是找出了问题发生的根源，然后在这些环节上扩大检查范围，看其是否造成重大错误以及对财务状况的歪曲，这种审查方式不是漫无目的的大海捞针，而是方向明确的重点审查。由于着眼于对整个系统的总体情况进行了解和分析，这种审计方式可以发现一些程序上的错误或工作上不合理的现象，因此，还可以对如何进一步提高经营效率，向组织管理部门提出建设性意见。

二、系统导向审计的产生及发展

以系统为基础的审计方式(System - based Auditing)是以内部

控制系统为主要审查对象的一种审计方法。它的出现与审计目标的改变有很大的关系，由于审计工作的主要目标已经不再是强调发现记账差错和揭发舞弊行为，而是验证财务报表是否真实、公允地反映了被审组织的财务状况和经营成果，财务报表的外部使用者也将注意力越来越多地转向企业的经营管理方面，这就要求审计师对组织的内部控制系统有全面的了解。以系统为基础的审计方式改变了传统的对于经济业务结果进行详细检查的做法，强调对于内部控制系统的评价。如果评价的结果证明内部控制系统值得信赖，那么，在实质性检查阶段只抽取少量样本便可以得出审计结论；如果评价结果认为内部控制系统不可靠，那么，就应根据内部控制的具体情况扩大审查范围。

经过在实践和理论方面不断进行总结和提高，以系统为基础的审计方式在 20 世纪 40 年代初期开始在英美等主要资本主义国家得到应用。这是现代审计发展的重要阶段。

系统导向审计的发展经历了两个阶段：一是预防性控制(Prevent Control)导向审计的发展阶段；二是侦破性控制(Detect Control)导向审计的发展阶段。预防性控制系统导向审计采用了“内部控制问卷”“流程图”“内部控制薄弱环节记录表”等方法，并且在确定测试数量时广泛应用了统计抽样技术，强调对于内部控制系统有方向、有重点的检查，改变了过去那种盲目的机械检查方法，大大提高了审计工作的效率。

如果将系统导向审计与账表导向审计相比较，就会发现，后者强调直接对控制系统所产生的结果进行检查，即直接对围绕系统所产生的凭证、账卡、报表等进行检查和验证，对经济业务的合法性和经济业务结果计算的准确性作出判断，并不深入检查系统的内部，而以控制系统为基础的审计方式则着重剖析系统内部结构，分析产生最后结果的全部过程中各个步骤之间的关系，研究系统内部是否存在足够的控制环节，检查这些控制环节是否充分发挥了作用。如果整个系统经过分析和一些选择性测试后，显示出有足够的控制因素在发挥作用，可以防止错误的发生，这同样标志着系统所产生的结果是正确的。

早期的系统导向审计实际上是一种以预防性控制为基础的审计方式。它虽然比账表导向审计前进了一大步，但是，仍然存在一系列的问题。例如，一般的审计人员容易机械地进行内部控制的各种测试，这些人往往根据各种测试的要求，大量进行日常的测试，而很少花时间去进行思考。许多公司和审计人员对这种情况非常重视。这一局限性影响了审计工作的效率性和效果性。为了提高对内部控制进行测试的效率，保证审计工作的质量，许多审计公司进行了卓有成效的改革。

亚瑟·扬民间审计公司(Archer Young)独树一帜，最早提出了侦破性控制导向审计。它要求审计人员善于发现企业内部的自控，并利用企业本身的控制，使审计工作在充分了解被审计单位的基础上顺利进行。

侦破性控制导向审计的审计方式发扬了审计人员的主观能动性。它与预防性控制导向审计之间的区别主要表现如下：

所谓预防性控制是指那些存在于企业正常交易和经营过程中，以用来防止差错和舞弊发生的控制因素。这类控制属于企业日常的控制，几乎时时刻刻起着作用。审计师要从这些控制因素中来衡量整个企业的内部控制系统，往往要抽查多笔业务，才能作出合理的判断。

所谓侦破性控制则是指那些不属于企业日常交易和经营过程中，用来侦破差错的控制因素。例如，与银行定期对账制度；每月将预算数额与实际发生额对比制度；等等。对于这类控制，审计师只需要做有限的抽查，就可以了解整个企业内部控制的情况。这种审计的目的是检查企业在审计人员不存在的情况下，是否具有自动侦破、自动调整的控制系统。如果经检查，发现控制系统的确令人满意，那么，审计人员就可以据以判断企业的内部控制系统是有效的，因而在年终审计时，就可以大大缩小审计范围。

三、系统导向审计的局限性

在人类审计发展的历史上，没有哪种管理方法像内部控制系统那样强有力地冲破了束缚审计技术方法的种种限制，使审计科学从不成熟状态走向成熟状态。随着审计实践的发展，日益突出了系统导向审计的重要性。

应该指出，由于内部控制系统本身所具有的局限性，以系统为基础的审计方法也不是万能的，如它对于无规律业务就很难发挥作用。在实践中，审计人员发现，以系统为导向的审计方法存在一种危险的趋势：即由于审计人员特别强调对于系统的检查，因而给管理部门造成错觉，认为控制方面的缺陷只能用控制来弥补，这就容易形成为了控制系统而加强控制的状况，其结果是控制系统确实加强了，但是系统所产生的结果却并没有得到改进，而且控制的加强必然会加大成本，影响到最终的结果，造成这种危险趋势的根本原因是，在强调控制系统的同时忽略了人的因素。在一些审计工作比较发达的国家已经发现了以系统为导向审计的这一缺陷。

系统导向审计还存在一项更大的无法解决的致命弱点，那就是基于内部控制系统的审计模式没有与审计风险联系起来，没有为有效降低审计风险提供指南和帮助，而影响审计风险的要素要远远超出内部控制系统的作用范围。在当今这个审计风险大爆炸的时代，降低审计风险已经成为审计人员考虑的首要因素，因此，系统导向审计必然要被更适合现代审计环境的新的审计模式所代替，那就是风险导向审计模式，在这个模式下，人们关于内部控制的观念也发生了相应的变化。正如系统导向审计不能完全取代账表导向审计一样，风险导向审计模式也不能完全取代系统导向审计模式，它只是在原有的基础上进一步扩展和深化而已。

第三节　风险导向审计

一、风险导向审计的目标

审计存在风险，这是不争的事实。在审计模式从传统的账表导向审计向系统导向审计发展的过程中，风险的种子实际上就是用检查一部分事项取得的证据来对财务报表整体发表意见。这就必然存在意见偏差的可能性，一旦不当的审计意见对财务报表使用者造成损失，审计人员就可能承担赔偿等审计责任，审计风险也就由此产生了。在审计发展的早期，之所以审计风险未能对审计形成较大的影响，进而发展成为一种审计模式，只是由于当时的审计风险还不太严重、没有对审计构成重大威胁。

20 世纪 60 年代以来，审计技术和方法得到了相当大的改进，审计职业界也颁布和修订了一系列准则，审计质量得到很大的提高。但与此同时，世界各国控告审计人员的案件急剧增加，审计人员已面临“诉讼爆炸”时代。在美国，1960—1972 年发生了 181 起针对审计人员的诉讼，而 1973—1985 年发生了 291 起，自 1985 年以后，针对审计人员的诉讼越来越多，标的越来越大。另据 2002 年 10 月美国《会计杂志》报道，审计人员正处于诉讼爆炸的时代，每年诉讼赔偿金额加私下了结的赔偿达 800 亿美元，相当于美国审计职业界国内收入的 10%。这种形式对审计界既有动力也有压力，它要求审计人员必须从高于内部控制系统的角度，综合考虑企业内外的环境因素，全面、广泛地评价企业受托经济责任的履行情况。具体地说，审计人员在制订计划时，为了全面评价被审计者受托经济责任的履行情况，追求审计工作的效率性和效果性，首先应充分把握被审计者各方面的情况，分析被审计者经济业务中出现差错和舞弊的风险情况以及审计人员发表意见的财务报表中存在的审计人员没有注意到的重大舞弊和差错的概率。

适应这种局面的方法之一，是发展一种新的、多维的审计技术，以缓解审计人员所面临的错综复杂的风险。最近数年，在英美两国的财务报表审计中，开始强调审计战略，使用审计风险模式，并积极采用分析程序。这种审计可以称为风险导向审计，是迎合高度风险社会的产物，是现代审计方法的最新发展。它要求审计人员重视对企业环境和企业经营进行全面的风险分析。以此为出发点，制定审计战略，制定与企业状况相适应的多样化审计计划，以达到审计工作的效率性和效果性。

（一）系统导向审计转向风险导向审计的原因

尽管风险导向审计还处在初级阶段，但是对现代审计发展所产生的影响却是重大的。它迫使现代审计从系统导向转向风险导向。这是因为：

(1)企业环境，即经济、社会、政治和技术等发生了急剧的变化。这些变化对企业的经营管理产生了重大影响。为了更好地实施追求效率性的风险导向审计，有必要在审计中考虑审计风险。

(2)信息系统的高度发展也促进了审计向风险导向转化。企业信息系统的联机实施和数据库管理系统化，使得会计系统不再是孤立的和独立的，而与其他信息系统有着密切的关系，并与企业的经营分析密切相关。

(3)风险导向审计重视并广泛利用分析程序，也使得审计人员具有风险导向意识。因为分析程序不仅重视经济信息、产业信息和业务信息。

(4)近年来，会计师事务所之间的竞争日趋激烈，企业要求降低审计收费的呼声越来越高。现在，随着电子计算机的广泛应用，固定费用的增加和职工工资的提高成为突出的问题。所以，会计师事务所从管理的角度出发，应认真考虑审计工作的效率性问题。

以风险为导向的审计不是对系统导向审计的否定，而是在后者基础上的发展。风险导向审计是对系统导向审计的发展，代表了审计方法发展的最新趋势。风险导向审计的目标是强调审计战略，要求制订适合被审计单位业务的审计计划；要求不仅应检查与会计系统有关的因素，而且应检查企业内外的各种环境因素；不仅应进行与会计事项有关的个别风险分析，而且应进行涉及各种环境因素的综合风险分析。再者，与系统导向审计模式强调内部控制系统与审计之间的关系不同，风险导向审计模式要求从固有风险、控制风险、重大错报风险、检查风险和分析程序这一更为广泛的角度来考虑审计测试。

（二）风险导向审计产生和发展的因素

风险导向审计的产生和发展有其客观依据，以下两个因素促进了风险导向审计的产生和发展。

(1)审计期望差距的存在是风险导向审计产生的社会因素。审计期望差距，指的是社会公众对审计应发挥作用的理解与审计人员行为结果及审计职业界自身对审计业绩看法之间的差异。这种差异的存在，无论是对审计职业界还是对财务报表的使用者都是无益的。实际上，自审计产生至今，审计始终处于一种被动状态，始终在为满足社会的需求而努力，但也始终无法达到完全满足社会需求的程度。社会公众期望审计人员应能毫无遗漏地发现被审计单位中存在的严重舞弊行为。但审计人员却认为，他们无法保证能够觉察所有舞弊行为。即使是最勤勉的审计人员，也极易被管理人员的舞弊或第三方的欺诈所蒙蔽。社会公众的利益需求是审计生存的基础，若不迎合这种需求，审计要么被淘汰出社会经济权责结构，要么继续生存但面临大量诉讼。显然，审计职业界积极和主动的选择应是寻找解决审计期望差距的途径，这是风险导向审计产生的一个重要原因，风险导向审计的优势在于，通过对被审计单位风险的评价，有利于寻找高风险的审计项目，从而集中力量，最大限度地降低审计的检查风险，从而可以揭露重大的差错和舞弊，使审计风险降到可接受的水平。

(2)审计组织的经济压力，是风险导向审计产生的经济因素。随着经济的发展，民间审计领域面临着与其他领域同样的问题。市场竞争的加剧，促使会计师事务所的边际收益不断下降。会计师事务所为了能在审计市场上保持自己的一席之地，维持期望的边际收益，其出路要么是增加审计费用，要么是努力提高效率降低审计成本。显然，在一定的有序经济条件下，增加审计费用是困难的，为了生存和发展，审计人员就把目光转向降低审计成本方面。由于决定审计成本高低的关键因素在于审计方法，审计人员不得不去寻找效率更高的审计方法。这就是说，审计人员为形成恰当的审计意见而收集充分、有效的审计证据时，必须按照最小成本支出的原则确定所需的审计程序。即使在保持各项审计活动必要效果的同时，努力追求最高的审计效率。风险导向审计提供了一种既能保持审计效果又能提高审计效率的新思路。

二、传统风险导向审计的模型和程序

(一)传统审计风险模型

1. 审计风险模型的运用及举例

将“审计风险＝固有风险×控制风险×检查风险”这一审计风险模型用于审计计划的途径有两种：一是将审计风险模型用于协助审计人员评价某项审计计划是否合理。例如，在某一审计计划中，审计人员认为固有风险为80％，控制风险为50％，检查风险为10％，则计算出的审计风险就是4％。审计人员认为该项目适宜的审计风险低于4％，则此审计计划就是可以接受的。上述审计计划可帮助审计人员达到可接受的审计风险，但是可能缺乏效率。二是为了使审计计划更有效率，审计人员常常利用审计风险模型来决定检查风险以及应收集审计证据的恰当数量。这时，可按以下形式运用审计风险模型

检查风险＝审计风险/(控制风险×固有风险)

还是按上例的数字，假定审计人员将期望的审计风险确定为5％，检查风险则为12.5％(即0.05/(0.8×0.5))，这时应调整审计计划，以便收集与12.5％的检查风险相一致的证据。运用这一形式的审计风险模型时，关键因素是检查风险，因为检查风险决定需要收集的证据数量。恰当的证据数量与检查风险成反比，检查风险越低，要求的证据就越多。还有一些审计人员利用各种风险之间的关系及风险与证据之间的关系来制订、完善其审计计划。注册会计师对控制测试的满意程度与管理当局是否存在舞弊没有直接的关联关系。

2.传统审计风险模型的缺陷

第一，固有风险概率内涵与外延并不一致，逻辑上不能一贯。理论上认为，固有风险是指假定不存在相关内部控制时，某一账户或交易类别单独或联通其他账户、交易类别产生重大错报或漏报的可能性。而我们在评估固有风险时(涉及会计报表层次的)又必须从内部控制(控制环境)入手。在评估与会计报表层次有关的固有风险时，注册会计师要考虑到与被审计单位经营风险有关的许多因素，包括企业的战略、组织结构、产权结构、经营、筹资、投资、对财务业绩的衡量与评价等许多方面。对比控制风险的评估，注册会计师对固有风险做出有效评估需要更高的执业判断力，在没

有相应的指导性准则的情况下难以进行。于是，在审计实务中，广泛存在注册会计师直接将固有风险评估为高水平（如100%）的现象，这样的风险评估只是流于形式，注册会计师无法依据固有风险的评估来设计有效的审计计划。

第二，把控制风险要素作为审计风险的乘积因子藏有隐患。既然固有风险的评估因难以进行而流于形式，注册会计师将重点放在了控制风险的评估上，以降低实质性程序的工作量。国内原有的审计准则也是将"了解被审计单位的经营情况"和"内部控制风险评估"作为两个准则对审计行为进行规范，这为审计职业界埋下了很深的隐患。注册会计师忽略对固有风险的评估不注重从宏观层面上了解企业及其环境，如行业状况、监管环境、企业的性质及目标、战略和相关经营风险等，直接进行控制测试和实质性测试，容易忽视风险产生的源头。同时，由于控制风险作为该模型的一个乘积因子，因此，理论上认为，如果注册会计师能把控制风险估计得比较低就可以大大减少实质性测试的工作量。于是注册会计师只要通过控制测试得到了一个比较满意的结果，就理所当然地认为他们已经有了一个比较高的可接受检查风险水平。然而，殊不知这样就可能为注册会计师的审计埋下了一个很大的隐患。原因很简单，首先控制测试得到的是内部证据，既然是内部证据就可以被管理当局操纵，因此，其证明力是比较差的。其次，内部证据在防止无意的错报及员工舞弊（不包括串通舞弊）方面应该有着积极意义，但是在防止管理层舞弊方面，内部控制应该是无能为力的。否则，也不会有所谓的"内部人控制"了。也就是说，注册会计师对控制测试的满意程度与管理当局是否存在舞弊没有直接的关联关系。有关这方面的问题，从我国近十几年所发生的上市公司舞弊案件中可以找到很多例证。因此，把控制风险单独作为风险模型的一个乘积因子，这就为审计失败埋下了一个很大的隐患。

第三，不能用于财务报表整体，无法满足对财务报表审计整体审计风险的把握和控制。虽然该风险模型要求在评估固有风险时应当从会计报表层次和账户余额层次两个方面加以考虑，但在评估控制风险时却并不涉及报表层次，只能要求注册会计师对各重要账户或交易类别的相关认定所涉及的控制风险进行评估。这样一来，固有风险评估中的会计报表层次的评估也就没有实际意义了。因为控制风险的评估是按账户余额或交易类别所涉及的认定进行的，在风险模型中其无法与会计报表层次的固有风险评估相匹配，只能与账户余额或交易类别层次固有风险的评估相匹配。这样一来，现有的审计风险模型实际上就是用于对每一账户余额或交易类别所涉及的认定进行风险导向审计的理论基础，而不能构成对整个企业进行风险导向审计的理论基础。这一点充分地体现在我们按此模型所演变出来的所谓的“初步审计策略”理论之中（陈志强，2002 年）。由于现有的审计风险模型只能用于账户余额或交易类别，而不能用于财务报表整体，因此，在此基础上构建出的风险导向审计模式在对待风险上只能是零散的、微观的，而不能形成整体的宏观的认识。这就必然导致注册会计师在把握和控制审计风险时只见树木不见森林。

(二)传统审计风险的程序

(1)固有风险分析。审计人员首先评估账户和交易的固有风险，由于在评估过程中，主观性太强，通常将固有风险直接认定为高水平。因此，该程序通常是流于形式。

(2)控制风险分析。审计人员通常是通过控制测试程序评估控制风险。

(3)检查风险控制。在评估出固有风险和控制风险的基础上，根据传统风险导向审计模型：检查风险＝审计风险/(控制风险×固有风险)，在审计风险一定的情况下，得出可以接受的检查风险，审计人员就通过实质性测试将检查风险控制在可以接受的范围以内。

三、现代风险导向审计模型和程序

现代风险导向审计也称为经营(商业)风险导向审计、风险基础战略系统审计。1997 年，Bell 和 Frank 发表了题为《通过战略系统的视角对组织进行审计》的研究报告，首次提出了毕马威的 BMP 审计模式，这标志着现代风险导向审计的产生。现代风险导向审计针对传统风险导向审计风险评估不到位，未能有效发现高风险审计领域，造成审计过量或审计不足的缺点进行了改进，大大加强了风险评估的程序，做到了以风险评估为中心，真正体现了风险导向审计的理念。

2003 年 10 月国际审计和保证准则委员会(1AASB)发布了国际审计准则第 315 号(1SA 315)“了解被审计单位及其环境并评估重大错报风险”，将传统风险导向审计下的审计风险模型修改为：审计风险＝重大错报风险×检查风险，明确规定了审计工作以评估财务报表重大错报风险作为新的起点和导向。

(一)现代风险导向审计风险模型

现代风险导向审计准则将审计风险模型确定为二要素,即

审计风险=重大错报风险×检查风险

现代风险导向审计从其理论上要重点关注企业的经营风险,而从审计的技术方法上进一步关注重大错报风险。事实上,关注经营风险与关注重大错报风险,无论在内容、方法还是在程序上均有相同之处。

重大错报风险是指财务报表在审计前存在错报的可能性。财务报表的错报可能由于舞弊或错误所致。错误是指导致财务报表错报的非故意行为。舞弊是指被审计单位的管理层、治理层、员工或第三方使用欺骗手段获取不当或非法利益的故意行为。对财务信息作出虚假报告,可能源于管理层通过操纵利润误导财务报表使用者对被审计单位业绩或盈利能力的判断。对财务信息作出虚假报告的动机主要包括以下内容。

(1)迎合时常预期或特定监管要求。

(2)谋取以财务业绩为基础的私人报酬最大化。

(3)偷逃或骗取税款。

(4)骗取外部资金。

(5)掩盖侵占资产的事实。

(二)现代风险导向审计的基本程序

现代风险导向审计的逻辑起点是企业的经营风险将影响财务报表的风险,从而影响审计风险。审计人员只有通过考查被审计单位的经营风险,才能够有效地实施其他的审计程序,从而恰当有效地得出审计结论。也就是说,对经营风险的考虑实质上是提供

了审计证据的来源，它本身并不是结果或目的。在这一观念指导下，现代风险导向审计采用一种“自上而下”的战略系统观将对企业经营风险的分析从计划审计到完成审计自始至终地贯彻下去，再通过“自下而上”的实质性测试程序最终完成审计工作。现代风险导向审计的基本程序如下。

1. 战略分析

审计人员主要分析企业层的整体战略及内外部战略风险对审计的影响。对整体战略的分析，首先要分析企业层面的经营模式，因为它集中反映了企业的整体战略，然后再分析企业所面临的外部威胁。其次对企业层面的经营模式以及外部威胁的分析需要结合企业的战略控制措施、风险评估方法以及业绩衡量体系，从而得出重要的战略风险及其对审计的影响。

2. 环节分析

审计人员应根据战略分析的结果，分析对于企业成功实施战略至关重要的关键经营环节，重点是分析威胁企业建立和保持环节运营能力的环节风险及相关的环节控制、风险评估和业绩衡量。在环节分析阶段，审计人员不但要关注环节是否控制住了战略分析所识别出的战略风险，而且要关注环节本身所产生的经营风险，并需要结合环节控制的测试判断是否控制住了相关战略风险与环节风险。

3. 剩余风险分析

对于审计人员认为没有被控制住的战略风险和环节风险，审计人员应结合其对财务报表错报风险的影响，决定是否将它们作为剩余风险处理。审计人员需要根据剩余风险推导出具体的审计目标，并为每一审计目标设计计划的实质性测试审计程序。

4. 实质性测试

审计人员根据战略分析和环节分析阶段总结出的具体审计目标以及计划的审计程序实施实质性测试审计程序，并根据实质性测试的结果以及被审计单位对审计人员建议调整财务报表的处理，最终决定审计意见的类型。

四、传统风险导向审计和现代风险导向审计的比较

与传统审计方法相比，现代风险导向审计的核心优势主要体现在以下两个方面。

(1)与传统审计方法相比，现代风险导向审计有助于提高审计质量，更适应全球经济发展形势对审计的要求。在市场经济全球化的趋势下，企业经营环境越来越复杂和多变，企业管理层舞弊的动机和压力日益增大，会计准则和制度需要企业更多的专业估计和判断，传统审计方法的效果不断经受质疑和挑战。在传统风险审计模型下，注册会计师往往不注重从宏观层面上了解企业及其所处的环境，而仅从内部控制层面上评估风险，很难形成对财务报表以及各类交易、账户余额的合理期望；同时，由于注册会计师仅关注与内部控制有关的风险评估，很难发现因企业管理层凌驾于内部控制之上导致的内部控制失效，以及因此引起的重大错报和舞弊行为。而现代风险导向审计要求注册会计师通过各种角度了解企业内部经营风险及与企业经营密切相关的外部风险因素，使注册会计师能全面识别和评估重大错报风险并据此确定总体审计策略和进一步审计程序；而且风险评估程序中包含了对管理层舞

弊动机的分析，能帮助注册会计师合理确定财务报表是否存在重大错报，尤其是管理层舞弊。

(2)与传统审计方法相比，现代风险导向审计能更有效地分配审计资源。注册会计师通过运用新审计风险模型识别和评估重大挫败风险，做出相应的审计策略，并将识别和评估后的风险与审计程序紧密地联系起来，同时能据此有的放矢，将审计资源恰当地集中到重大错报领域，促进审计资源的有效分配和利用，提高审计效率。

综上所述，传统风险导向审计只关注审计师本身所面临的风险，只关注控制风险、检查风险和固有风险。现代风险导向审计则更进一步，不仅关注审计风险，还关注经营风险。为了分析被审计客户的经营风险，审计师必须深入被审计客户理解其运行模式，其所面临的短期以及长期经营风险，并基于此向管理层提供对影响企业经营的所有因素的独立评估报告。在传统风险导向审计中，审计师与被审计客户在财务报表审计过程中处于对立面，各自只是从自己的角度，提出不同的观点。而在现代风险导向审计中，审计师则与被审计客户处于平行地位，以同一目标为导向考察企业的经营状况。

五、现代风险导向审计特征的认识

现代风险导向审计是指通过自上而下和自下而上相结合的审计思路对被审计单位进行风险职业判断，评价被审计单位风险控制，确定剩余风险，执行追加审计程序，从而将剩余风险降低到可接受水平的一种审计方法。

(1)审计重心前移。传统审计的风险评估不到位,未能有效发现高风险审计领域。现代风险导向审计将审计重心从以审计测试为中心,转移到以风险评估为中心。既强化了风险评估程序,又真正体现了风险导向审计的理念。

(2)风险评估重心由控制风险向联合风险转移。控制风险的高低主要与重大错报和员工舞弊有关;而联合风险的高低主要与管理层舞弊有关。审计重点是发现管理层舞弊,评估重点是固有风险,但固有风险不可直接评估。因此,风险评估重心必须由控制风险向联合风险转移。

(3)风险评估由直接评估变为间接评估。现代风险评估应从经营风险评估入手,注重对持续经营的考虑及经营风险对审计风险的影响,进而从经营风险中能更有效地发现财务报表潜在的重大错报。会计政策、会计合理性评估也只有从经营风险入手,才能进行正确的评估。经营分析过程实际上是发现问题的过程,从经营风险入手进行经营分析,容易将审计拓展为咨询。

(4)风险评估从零散走向结构化。风险分析结构化最大的好处是考虑了多方面的风险因素,这些因素有机联系在一起,便于做综合风险评估。

(5)风险评估以分析性复核为中心。尽管风险评估包括检查、调查、询问、穿行测试等多种审计取证手法,但核心是分析性复核的运用。传统风险导向审计对于信息的再加工重视程度不够。分析性复核主要适用在报表分析上。现代风险评估以分析为中心,分析性复核成为最重要的程序。为了适应分析性复核功能扩大的要求,分析性复核开始走向多样化,不再是仅对财务数据进行分析，对非财务数据也进行分析。分析工具充分借鉴现代管理方法，将管理方法运用到分析性程序中去。

(6)审计师专业知识重心转移。现代风险导向审计对审计师素质提出更高的要求，必须接受行业知识训练。此外，事务所要进行知识价值链管理，融合审计资源，成立事务所专业顾问团队或者与咨询公司结成战略联盟。事务所在审计与咨询分离下必须重新融合审计和咨询两大资源。

(7)审计测试程序个性化。由于现代风险导向审计测试计划是基于审计师的风险评估结果，且不同的客户显然存在不同的风险，为了克服传统审计测试的缺陷要针对风险不同的客户及客户不同的风险领域，采用个性化的审计程序。

(8)“自上而下”与“自下而上”相结合。现代风险导向审计强调“自上而下”与“自下而上”相结合的穿透性测试。所谓的穿透性测试就是指从战略分析—业务流程—监管和审计—质量的提高，这样的流程将“自上而下”与“自下而上”相结合，相互印证，有利于提高审计效率。

(9)审计证据重点向外部证据转移。由于审计重心向风险评估转移，会计师必须从外部取得大量证据。取得风险评估的恰当性或建立自己的数据库，更多从收集外部证据入手。

(10)审计证据范围扩大。现代风险导向审计的范围大大扩展，会计师关注的是整个内部控制，由管理层和财务人员提供审计信息向外部扩散。审计师发挥内外调查的优势，依赖业内人士和专业咨询人士的看法，补充自己的审计专业判断。

第四节　现代风险导向审计的理论基础

目前在理论界，对审计的理论基础有多种不同的观点，本节就其中的几种观点在此进行论述。

一、现代风险导向审计与审计本质论

科学研究的首要任务在于揭示事物的本质。认清了事物的本质，也就把握了其运动发展的规律。因此，审计本质的研究在整个审计理论结构的研究中具有指导作用，决定着整个审计理论结构的发展方向。审计本质是指审计究竟是什么问题，也就是说，现代风险导向审计的本质是指究竟是什么的问题。现代风险导向审计作为一种新型的审计技术，其本质必然从属于审计本质的范畴，同时其独特的性质又使其成为审计功能在保障风险控制责任顺利履行领域的拓展。

现代风险导向审计的本质是一种特殊的经济控制方法，这种控制方法不仅具有一般意义上的审计控制功能，同时由于其与企业风险管理的密切关系，又使其成为一种特殊的风险控制方法。① 现代风险导向审计符合经济控制论的理论框架，同时又是对经济控制论的延伸和拓展。这也再次证明了“经济控制论”的生命力所在，它准确、深刻地解释了审计的本质，无论审计的外在表现形式如何发展变化，它在本质上都是一种经济控制。具体到现代风险

①蔡春，赵莎. 现代风险导向审计论[M]. 北京：中国时代经济出版社，2006，48.

导向审计，则是对经济控制在风险控制领域的延伸，即现代风险导向审计的本质不仅是一般意义上的经济控制，同时又是具体化的风险控制。

二、现代风险导向审计与战略管理理论

企业战略管理是企业为适应环境进行全局性的运筹和运作过程，是企业根据内外环境和企业自身实力确定经营目标、分配关键资源、组织企业活动的方针、政策和方法，已经与传统战略（军事）含义相去甚远。战略管理在企业中的普遍运用为现代风险导向审计的运用创造了条件。首先，战略管理理论认为，竞争优势与核心能力是在竞争性市场中企业绩效的核心。从会计报表审计的角度看，一个缺乏竞争优势与核心能力企业的盈利能力将缺乏持续性，从而产生较高的审计风险。所以，审计人员必须从战略高度研究企业的经营风险，从而在一定程度上保证会计报表作为企业未来的指示器功能。其次，战略管理通过行业组织模型与资源基础模型分析企业内外部环境，确定企业的目标、战略，再以价值链和企业所具有的资源与能力来分析相关的内部环节，使得会计报表审计从整个系统的角度入手，再与企业内部的经营环节联系起来，有一个可以实施的框架。最后，从企业的战略入手，分析企业的经营风险，可以使得审计人员对企业的判断与管理层对企业的印象保持一致，从而增加会计报表审计的价值，扩大审计人员提供增值服务的机会。

三、现代风险导向审计和系统论

从系统理论的角度看，一个复杂的系统由组成系统的各个部分(一般相对比较简单)相互作用，从而形成一个整体，达到一个更高的层次，从而表现出突变行为(Emergent Behavior)和复杂特征。系统理论还认为，一个有“生命”的系统将通过结构整合(Structural Coupling)与环境进行交互作用，从而使得这系统的结构根据环境持续地改变。因此，一个有“生命”的系统的关键特征是适应、学习和发展。与一个有“生命”的系统一样，企业的生产、盈利能力、适应性以及它最终的生存都取决于它的内外部联系的强弱——构成企业的环节之间以及企业与外部经济组织之间的结构整合与共生。因此，对于有“生命”的企业这一复杂系统的突变行为和复杂特征的研究，不能够降低为研究各个组成部分。系统论为现代审计风险模型的产生奠定了理论基础。系统理论认为，相互联系的个体组成的系统会表现出突变行为，系统特征与独立个体特征存在本质的差异。现代风险导向审计将客户置于一个大的经济环境系统中，全方位地判断影响因素，从企业所处的商业环境、条件到经营方式和管理机制等内外两个方面来分析评估审计风险。这个系统所实现的直接目标是降低审计风险。

四、现代风险导向审计与审计目标论

审计目标就是审计行为活动意欲达到的理想境地或状态。例如，财务报表审计就是要达到确证财务表达公允性和提高财务信息的可信性这一理想状态。审计目标的确定是一种主观见之于客观的行为。一方面，审计总是依存于特定的社会政治经济环境（审计环境）并为其服务，因而，审计目标的内容必须反映其环境的客观需要；另一方面，审计目标本身又是由认识了审计环境的客观需要的审计理论工作者结合审计之内在功能来确立的。

现代风险导向审计的本质目标，一方面是确保受托经济责任（Accountability）的全面有效履行；另一方面由于现代风险导向审计特有的性质，又使其本质目标更加强调确保风险控制责任的全面有效履行。[②]

审计模式主要经历了账表导向审计模式、系统导向审计模式、传统风险导向审计模式以及现代风险导向审计模式。审计模式的发展随着社会经济的发展而发展，同时随着社会期望的提高而改进。到了现代，最能适应社会发展和满足社会期望的就是现代风险导向审计模式。

②蔡春，赵莎．现代风险导向审计论[M]．北京：中国时代经济出版社，2006，51．

第三章　审计风险的含义及应对

第一节　审 计 风 险

一、审计风险的含义

审计风险是指当财务报表存在重大错报时，审计师发表不恰当审计意见的风险。在理论上，审计风险也包括财务报表不含有重大错报，而审计师错误地发表了财务报表含有重大错报的审计意见的风险。但这种审计风险在现实实务中很少出现，因为在审计结果沟通中，被审计单位会提出异议，审计师会实施进一步审计程序来纠正此种不恰当的审计意见。合理保证与审计风险互为补数，即合理保证与审计风险之和等于100%。如果审计师将审计风险降至可接受的低水平，则对财务报表不存在重大错报获取了合理保证。

审计风险不同于企业的经营风险，但二者具有很密切的联系。经营风险是指可能对被审计单位实现发展战略和经营目标造成不利影响的各种的风险。不同的企业可能面临不同的经营风险，这取决于企业经营的性质、所处行业、外部监管环境、企业的规模和复杂程度。管理层有责任识别和应对这些风险。审计风险与经营风险之所以具有很密切的联系是因为经营风险与财务报表发生重大错报的风险密切相关。许多经营风险最终都会有财务后果，因而影响到财务报表，进而对财务报表审计产生影响。例如，宏观经济形势不景气可能对商业银行贷款损失准备产生重大影响；化工企业面临的环境风险可能意味着需要确认预计负债；技术升级风险可能导致企业原有的生产设备和存货发生减值；甚至影响持续经营假设的适用性。更为严重的是，在经营风险引起经营失败时，可能促使被审计单位管理层通过财务报表舞弊对此加以掩盖。尽管被审计单位在实施战略以实现其目标的过程中可能面临各种经营风险，但并非所有经营风险都与财务报表相关，审计师应当重点关注可能影响财务报表的经营风险。

二、审计风险的基本特征

审计风险的性质总表现为某些特质或特征。我们在探讨了审计风险的内涵之后，应继续阐述审计风险的特征，并说明在我国社会主义市场经济下的特有表现。

（一）审计风险的客观性

现代审计的一个显著特征，就是采用抽样审计的方法，即根据总体中的一部分样本的特性来推断总体的特性，而样本的特性与总体的特性或多或少有一点误差，这种误差可以控制，但一般难以消除。因此，不论是统计抽样还是判断抽样，若根据样本审查结果来推断总体，总会产生一定程度的误差，即审计人员要承担一定程度的作出错误审计结论的风险。即使是详细审计，由于经济业务的复杂、管理人员道德品质等因素，仍存在审计结果与客观实际不一致的情况。因此，风险总是存在于审计活动过程中，只是这些风险有时并未产生灾难性的后果，或对审计人员并未构成实质性的损失而已。所以，通过审计风险的研究，人们只能认识和控制审计风险，只能在有限的空间和时间内改变风险存在和发生的条件，降低其发生的频率和减少损失的程度，而不能，也不可能完全消除风险。

(二)审计风险的普遍性

虽然审计风险通过最后的审计结论与预期的偏差表现出来，但这种偏差是由多方面的因素引起的，审计活动的每一个环节都可能导致风险因素的产生。因此，有什么样的审计活动，就有与之相适应的审计风险，并会最终影响总的审计风险。从总体来看，可能产生风险的因素有内部控制结构控制能力差，重要的数字遗漏，对项目的错误评价和虚假注释，项目的流动性强，项目的交易量大，经济萧条，财务状况不佳，抽样技术局限性等。从每一个具体风险看，其也是由多因素组成。因此，审计风险具有普遍性，它存在于审计过程的每一个环节，任何一个环节的审计失误，都会增加最终的审计风险。因此，对最终审计风险的控制，也就取决于对上述各种风险的控制。

（三）审计风险的潜在性

审计责任的存在是形成审计风险的一个基本因素，如果审计人员在执业上不受任何约束，对自己的工作结果不承担任何责任，就不会形成审计风险，这就决定审计风险在一定时期里具有潜在性。如果审计人员虽然发生了偏离客观事实的行为，但没有造成不良后果，没有引起相应的审计责任，那么这种风险只停留在潜在阶段，而没有转化为实在的风险。审计风险是在错误形成以后经过验证才会体现出来的，假如这种错误被人们无意中接受，即不再进行验证，则由此而应承担的责任或遭受的损失实际没有成为现实。所以，审计风险只是一种可能的风险，它对审计人员构成某种损失有一个显化的过程，这一过程的长短因审计风险的内容、审计的法律环境、经济环境，以及客户、社会公众对审计风险的认识程度而异。

（四）审计风险的偶然性

审计风险是由于某些客观原因，或审计人员并未意识到的主观原因造成的，即并非审计人员故意所为，审计人员在无意中接受了审计风险，又在无意中承担了审计风险带来的严重后果。肯定审计风险具有无意性这一特点非常重要，因为只有在这一前提下，审计人员才会努力设法避免减少审计风险，对审计风险的控制才有意义。倘若审计人员因某种私利故意作出与事实不符的审计结论，则由此承担的责任并不形成真正意义上的审计风险，因为这种审计人员故意的舞弊行为谈不上再对审计风险进行控制，而这种行为本身就受到职业道德的谴责，应承担法律责任。

(五)审计风险的可控性

审计要为其报告的正确性承担责任风险早已为人们所熟悉,然而现代审计的指导思想从制度基础审计进一步发展到风险审计表明,审计职业界并未被越来越多的审计风险捆住手脚而失去其活力,而是逐步向主动控制审计风险的方向发展。正确认识审计风险的可控性有着重要意义,一方面我们不必害怕审计风险,虽然审计人员的责任会导致审计风险的产生,一旦其发生,其可能对审计职业的影响也是重大的,但我们可以通过识别风险领域,采取相应的措施加以避免,没有必要因为风险的存在,而不敢承接客户。只要风险降低到可接受的水平,仍可对客户进行审计。另一方面,我们意识到了审计风险的可控性,说明审计风险是可以通过努力而降低其水平的,可以促使我们研究审计理论,提高审计质量。

三、审计风险模型

审计风险取决于重大错报风险和检查风险。审计师应当实施审计程序,评估重大错报风险,并根据评估结果设计和实施进一步审计程序,以控制检查风险。

(一)财务报表层次的重大错报风险

财务报表层次的重大错报风险,是指与财务报表整体广泛相关,潜在地影响多项认定的风险。

财务报表层次的重大错报风险很可能源于控制环境存在缺陷。例如,管理层缺乏胜任能力等缺陷可能对财务报表具有广泛性的影响,需要注册会计师采取总体应对措施。

(二)各类交易、账户余额和披露认定层次的重大错报风险

认定层次的重大错报风险，是指与各类交易、账户余额和披露相关的认定发生重大错报的可能性。评估认定层次重大错报风险的目的，是确定所需实施的进一步审计程序的性质、时间安排和范围以获取充分、适当的审计证据。这种证据使注册会计师能够在审计风险处于可接受的低水平时对财务报表发表意见。

认定层次的重大错报风险由固有风险和控制风险两部分组成。固有风险和控制风险是被审计单位的风险，独立于财务报表审计而存在，注册会计师只能予以评估。

1. 固有风险

固有风险，是指在考虑相关的内部控制之前，某类交易、账户余额或披露的某一认定易于发生错报(该错报单独或连同其他错报可能是重大的)的可能性。

某些类别的交易、账户余额和披露及其认定，固有风险较高。例如，复杂的计算比简单计算更容易出错，受重大计量不确定性影响的会计估计发生错报的可能性较大。外部因素引起的经营风险也可能影响固有风险。例如，技术进步可能导致某项产品陈旧，进而导致存货易于发生高估错报。被审计单位及其环境中的某些因素还可能与多个甚至所有类别的交易、账户余额和披露有关，进而影响多个认定的固有风险。例如，维持经营的流动资金匮乏，被审计单位处于夕阳行业等。

2. 控制风险

控制风险，是指某类交易、账户余额或披露的某一认定发生错报，该错报单独或连同其他错报可能是重大的，但没有被内部控制

及时防止或发现并纠正的可能性。

控制风险取决于内部控制设计、执行和维护的有效性。然而，由于内部控制的固有限制，无论内部控制的设计和运行如何有效，也只能降低而非消除财务报表的重大错报风险。内部控制的固有限制包括诸如人为差错的可能性，因串通舞弊或管理层不适当地凌驾于控制之上而使内部控制被规避的可能性。因此，控制风险始终存在。

需要说明的是，审计准则通常不单独提及固有风险和控制风险，而仅提及重大错报风险（即两者综合评估的结果）。然而，注册会计师可以根据其偏好的审计技术或方法以及实务的考虑，单独或综合评估固有风险和控制风险。重大错报风险的评估结果可以用定量术语（如百分比）或非定量的术语表达。无论采用哪种方式，做出适当的风险评估，要比评估所采用的具体方法更加重要。

（三）检查风险

检查风险是指如果存在某一错报，该错报单独或连同其他错报可能是重大的，审计师为将审计风险降至可接受的低水平而实施程序后没有发现这种错报的风险。

检查风险取决于审计程序设计的合理性和执行的有效性。由于审计师通常采用抽查，即并不对所有的交易、账户余额和披露进行检查；审计过程中存在大量的专业判断；会计处理和财务报表编制过程中存在大量的估计与判断；舞弊性财务报表通常存在串通舞弊行为并采用了反审计手段等原因，因此，检查风险不可能降为零。此外，审计师若选择了不恰当的审计程序、审计过程执行不当等，也可能导致检查风险。不论何种原因，都可以通过适当计划、在项目组成员之间进行恰当的职责分配、保持职业怀疑态度以及对项目组的监督、指导和复核等，降低检查风险。

（四）审计风险各要素之间的关系

审计风险、重大错报风险和检查风险之间的关系用模型表示为

审计风险＝重大错报风险×检查风险

在既定的审计风险水平下，可接受的检查风险水平与认定层次重大错报风险的评估结果成反向关系。一般而言，评估的重大错报风险越高，可接受的检查风险越低；评估的重大错报风险越低，可接受的检查风险越高。

同样，在既定的重大错报风险水平下，审计师可以接受的审计风险与可以接受的检查风险成正向关系。一般而言，审计师可以接受的审计风险越高，可以接受的检查风险的水平就越高；反之，审计师可以接受的审计风险越低，可以接受的检查风险的水平就越低。

四、审计风险与重要性和审计证据之间的关系

（一）审计风险与重要性之间的关系

审计风险与重要性之间存在反向关系。重要性水平越高，审计风险越低；重要性水平越低，审计风险越高。

审计师在确定审计程序的性质、时间安排和范围时应当考虑这种反向关系。例如，在确定审计程序后，如果审计师决定接受更低的重要性水平，审计风险将增加。审计师应当选用下列方法将审计风险降至可接受的低水平。

(1)如有可能,通过扩大控制测试范围或实施追加的控制测试,降低评估的重大错报风险,并支持降低后的重大错报风险水平。

(2)通过修改计划实施的实质性程序的性质、时间安排和范围,降低检查风险。

理解审计风险与重要性之间的这种关系要注意以下几点。

(1)重要性水平是审计师从财务报表使用者的角度进行判断的结果。

(2)重要性与审计风险之间的这种关系是从定量的角度来说的。重要性水平的高低指的是金额的大小,没有涉及定性的考虑。

(3)重要性与审计风险之间的这种关系只有在假定同一被审计单位的情况下才成立。对于不同的审计单位的不同重要性水平,无法据此直接判断审计风险的相对大小。

(4)重要性与审计风险之间的这种关系只有在客观、准确地确定重要性水平的前提下和假定审计师付出同样努力的情况下才会成立。

在上述背景下,10 000 元的重要性水平要高于 5 000 元的重要性水平,相应的 10 000 元重要性水平下的审计风险要小于 5 000 元重要性水平下的审计风险。因为,如果重要性水平是 10 000 元,则意味着低于 10 000 元的错报不会影响到财务报表使用者的决策,此时审计师需要通过执行有关审计程序合理保证能发现高于 10 000 元的错报;如果重要性水平是 5 000 元,则金额在 5 000 元以上的错报就会影响财务报表使用者的决策。面对同一个被审计单位,如果重要性水平是 5 000 元而不是 10 000 元,相对于重要性水平为10 000元的情况来说，就意味着审计师不但要通过执行有关审计程序合理保证能发现金额在10 000元以上的错报，还要通过执行有关审计程序合理保证能发现金额在5 000～10 000元的错报。很显然，如果审计师付出同样的努力，重要性水平为5 000元时审计不出这样的重大错报的可能性即审计风险，要比重要性水平为10 000元时的审计风险高。因此，重要性水平越低，则审计风险越高，就越要求审计师收集更多更有效的审计证据，以将审计风险降至可接受的低水平。所以，重要性水平和审计证据之间也存在反向变动关系。

由于重要性与审计风险的这种关系只有在客观、准确地确定重要性的前提下才会成立，所以，审计师不能通过不合理地人为调高重要性水平来降低审计风险。因为重要性水平依据重要性概念中所述的判断标准客观确定的，而不是由主观期望的审计风险水平决定的。由于重要性和审计风险存在上述反向关系，而且这种关系对审计师将要执行的审计程序的性质、时间安排和范围有直接的影响，因此，审计师应当综合考虑各种因素，合理确定重要性水平。

审计师应当关注财务报表的重大错报，但没有责任发现对财务报表整体不产生重大影响的错报。审计师应当考虑已识别但未更正的单个或累计的错报是否对财务报表整体产生重大影响。

(二)审计风险与审计证据之间的关系

评估的重大错报风险与所需收集的审计证据的数量存在正向关系。一般而言，评估的重大错报风险越高，需要收集的审计证据就越多；评估的重大错报风险越低，所需收集的审计证据就越少。

此外，评估的重大错报风险与审计师可以接受的检查风险水平不同。可以接受的检查风险水平与审计证据之间存在的是反向关系。一般而言，对于同一个审计客户，可以接受的检查风险水平越高，所需收集的审计证据越少；可以接受的检查风险水平越低，所需收集的审计证据越多。

因此，为了获取合理保证，审计师应当获取充分、适当的审计证据，以将检查风险降至可接受的低水平，从而能够得出合理的结论，作为形成审计意见的基础。

五、审计风险的应对

审计师应当通过计划和实施审计工作，获取充分、适当的审计证据，将审计风险降至可接受的低水平。这是控制审计风险的总体要求。在审计风险模型中，重大错报风险是企业的风险，不受审计师的控制，审计师只能通过实施风险评估程序来正确评估重大错报风险，并根据评估的两个层次的重大错报风险分别采取应对措施。

（一）财务报表层次重大错报风险的应对措施

审计师应当评估财务报表层次的重大错报风险，并根据评估结果确定下列总体应对措施。这些应对措施包括以下几个。

(1)向项目组强调在收集和评价审计证据过程中保持职业怀疑态度的必要性。

(2)分派更有经验或具有特殊技能的审计人员，或利用专家工作。

(3)提供更多的督导。

(4)在选择进一步审计程序时,应当注意使某些程序不被管理层预见或事先了解。

(5)对拟实审计程序的性质、时间安排和范围作出总体修改。

(二)认定层次重大错报风险的应对措施

审计师应当获取认定层次充分、适当的审计证据,以便能够在审计工作完成时,以可接受的低审计风险对财务报表整体发表审计意见。对于各类交易、账户余额、列报认定层次的重大错报风险。审计师可以通过控制检查风险将审计风险降至可接受的低水平。

检查风险取决于审计程序设计的合理性和执行的有效性。审计师通常无法将检查风险降低为零,但可以通过适当计划、在项目组成员之间进行恰当的职责分配、保持职业怀疑态度以及对项目组的监督、指导和复核等予以降低。

第二节　风险评估的含义与程序

一、风险评估的含义和内容

(一)风险评估的含义

风险评估就是审计师在了解被审计单位及其环境基础上,对其财务报表层次以及认定层次重大错报风险的识别、评价和估计过程,以便分析错报风险的发生领域、发生的可能性以及风险是否重大。

财务报表层次重大错报风险是指与财务报表整体广泛相关,

并潜在影响多项认定的风险，它不限于某类交易、账户余额或披露层次的特定认定风险，而在一定程度上代表了可能增加认定层次重大错报风险的情况，如管理层凌驾于内部控制之上。认定层次重大错报风险是指与某类交易、账户余额、列报与披露层次相关的特定风险，它通常限于特定的某类交易、账户余额或列报与披露。

(二)风险评估的内容

(1)对风险本身的界定。风险评估的内容包括风险发生的可能性、风险强度、风险持续时间、风险发生的区域及关键风险点。

(2)对风险作用方式的界定。风险评估的内容包括风险对企业的影响是直接的还是间接的、是否会引发其他的相关风险、风险对企业的作用范围等。

(3)对风险后果的界定。风险评估的内容包括在损失方面：如果风险发生，对企业会造成多大的损失？如果避免或减少风险，企业需要付出多大的代价？在冒风险的利益方面：如果企业冒了风险，可能获得多大的利益？如果避免或减少风险，企业得到的利益又是多少？

二、风险评估的程序

审计师了解被审计单位及其环境，目的是为了识别和评估财务报表重大错报风险。为了解被审计单位及其环境而实施的程序称为“风险评估程序”。审计师应当依据实施这些程序所获取的信息，评估重大错报风险。

审计师应当实施下列风险评估程序，以了解被审计单位及其环境。

(一)询问管理层和被审计单位内部其他人员

询问被审计单位管理层和内部其他相关人员是注册会计师了解被审计单位及其环境的一个重要信息来源。首先,注册会计师可以考虑向管理层和财务负责人询问的事项:一是管理层所关注的主要问题,如新的竞争对手、主要客户和供应商的流失、新的税收法规的实施以及经营目标或战略的变化等;二是被审计单位最近的财务状况、经营成果和现金流量;三是可能影响财务报告的交易和事项,或者目前发生的重大会计处理问题,如重大的并购、投资等事宜;四是被审计单位发生的其他重大变化,如所有权结构、组织结构以及内部控制等变化。

尽管注册会计师询问管理层和财务负责人可以获取大部分信息,但询问被审计单位内部其他人员则可能为注册会计师提供不同的信息,有助于注册会计师识别重大错报风险。所以,注册会计师除了询问管理层和对财务报告负责人外,还应考虑询问被审计单位内部其他人员,如内部审计人员、采购人员、生产人员、销售人员等,并考虑询问不同级别的员工,以获取对识别重大错报风险有用的信息。

注册会计师在确定对被审计单位哪些人员进行询问以及询问哪些问题时,应当考虑需要何种信息,以利于其识别和评估重大错报风险。例如,询问管理层,有助于注册会计师理解财务报表编制的环境;询问内部审计人员,有助于注册会计师了解其针对被审计单位内部控制设计和运行有效性而实施的工作,以及管理层对内部审计发现问题是否采取适当的措施;询问参与生成、处理或记录复杂或异常交易的员工,有助于注册会计师评估被审计单位选择和运用某项会计政策的适当性；询问内部法律顾问，有助于注册会计师了解有关法律法规遵循情况、合同的安排情况以及诉讼情况等；询问营销人员，有助于注册会计师了解被审计单位的营销策略及其变化、销售趋势以及客户情况等；询问采购人员和生产人员，有助于注册会计师了解被审计单位的采购政策及情况、生产状况等；询问仓库人员，有助于注册会计师了解被审计单位存货的进出、保管和盘点等情况。

（二）实施分析程序

分析程序是指注册会计师通过研究不同财务数据之间以及财务数据与非财务数据之间的内在关系，对财务信息做出判断和评价。分析程序还包括调查识别出与其他相关信息不一致或与预期数据严重偏离的波动和关系。分析程序既可作为风险评估程序和实质性程序，也可用作对财务报表的总体复核。

实施分析程序有助于注册会计师识别被审计单位的异常交易或事项以及对财务报表和审计产生影响的金额、比率和趋势。在实施分析程序时，注册会计师应当预期可能存在的合理关系，并与被审计单位记录的金额以及依据记录金额计算的比率或趋势进行比较，以便能够发现异常或未预期到的关系，并在识别重大错报风险时考虑这些比较结果。如果注册会计师在实施分析程序时使用了高度汇总的数据，这时分析程序结果有可能只初步显示财务报表存在重大错报风险，注册会计师应当将分析结果连同识别重大错报风险时获取的其他信息一并考虑。例如，被审计单位是进行多种产品系列生产，而不同的产品系列的毛利率又存在较大的差异，这对被审计单位总体毛利率分析的结果仅可能初步显示销售成本存在重大错报风险，所以，注册会计师需要采用更为详细的分析程序，如对每一产品系列进行毛利率分析，或将总体毛利率分析结果连同其他信息一并考虑。

(三)观察和检查

观察和检查程序不仅可以提供有关被审计单位及其环境信息，还可以印证管理层和其他相关人员的询问结果。注册会计师在审计过程中可以采用的观察和检查程序：①观察被审计单位的生产经营活动。例如，观察和检查被审计单位人员正在从事的生产活动，可以增加注册会计师对被审计单位如何进行生产经营活动的了解，观察被审计单位的内部控制活动，可以了解被审计单位如何开展内部控制。②检查被审计单位的文件、记录和内部控制手册等。通过这些程序可以了解到被审计单位内部控制是否健全、完整。③阅读由管理层和治理层编制的报告。例如，阅读被审计单位的年度财务报表、董事会议等记录或纪要、管理层讨论的战略计划等内部报告或其他特殊目的报告等，可以了解被审计单位自上一审计期结束至本次审计期间发生的一些重大事项。④实地观察被审计单位生产经营场所和设备，有助于注册会计师了解被审计单位生产经营的性质和经营活动的内容。通过对被审计单位办公和经营场所的观察和调查，还有利于注册会计师与被审计单位管理层以及不同级次人员进行接触，可以增加注册会计师对被审计单位经营活动和重大影响因素的了解。⑤采用穿行测试程序，即追踪交易在财务报告信息系统中的处理过程。这是注册会计师了解被审计单位业务流程及其相关控制时经常采用的审计程序。

(四)穿行测试

穿行测试程序是通过追踪某笔或几笔交易在业务流程中如何生成、记录、处理和报告,以及相关控制如何执行,据此,注册会计师可以确定被审计单位的交易流程和相关控制是否与之前通过其他程序所获得的信息一致,并确定相关控制是否得到执行,从而判断重大错报风险。

三、了解被审计单位

(一)了解被审计单位及其环境的目的

了解被审计单位及其环境是必要程序,特别是为审计师在下列关键环节作出职业判断提供重要基础:①确定重要性水平,并随着审计工作的进程评估对重要性水平的判断是否仍然适当;②考虑会计政策的选择和运用是否恰当,以及财务报表的列报是否适当;③识别需要特别考虑的领域,包括关联方交易、管理层运用持续经营假设的合理性,或交易是否具有合理的商业目的等;④确定在实施分析程序时所使用的预期值;⑤设计和实施进一步审计程序,以将审计风险降至可接受的低水平;⑥评价所获取审计证据的充分性和适当性。

(二)了解被审计单位及其环境的主要领域

审计师全面了解被审计单位及其环境,至少应包括以下几个方面:①被审计单位所在行业相关状况、法律环境与监管环境以及其他外部因素;②被审计单位的性质;③被审计单位对会计政策的选择和运用;④被审计单位的目标、战略以及相关经营风险;⑤被审计单位财务业绩的衡量和评价;⑥被审计单位的内部控制。

（三）了解被审计单位的行业状况、法律环境与监管环境及其外部因素

了解所在行业状况，有助于审计师识别与被审计单位所处行业有关的重大错报风险。审计师应当从以下几个方面来了解被审计单位的行业状况：①所处行业的市场与竞争，包括市场需求、生产能力和价格竞争；②生产经营的季节性和周期性；③与被审计单位产品相关的生产技术；④能源供应与成本；⑤行业的关键指标和统计数据。

了解法律环境和监管环境，有助于审计师识别和评估被审计单位的法律风险和监管风险，而这些风险会影响被审计单位的发展战略、生产经营，进而影响其财务报表的列报和披露。审计师应当从以下几个方面来了解被审计单位所处的法律环境与监管环境：①会计原则和行业特定惯例；②受管制行业的法规框架；③对被审计单位经营活动产生重大影响的法律法规，包括直接的监管活动；④税收政策（关于企业所得税和其他税种的政策）；⑤目前对被审计单位开展经营活动产生影响的政府政策，如货币政策（包括外汇管制）、财政政策、财政刺激措施（如政府援助项目）、关税或贸易限制政策等；⑥影响行业和被审计单位经营活动的环保要求。

了解其他外部因素，有助于审计师识别和评估可能导致被审计单位财务报表存在重大错报的其他外部因素。审计师应当从总体经济情况、利率、融资的可获得性、通货膨胀水平或汇率变动等方面来了解影响被审计单位经营的其他外部因素。具体而言，审计师可能需要了解以下情况：①当前的宏观经济状况以及未来的发展趋势如何？②目前国内或本地区的经济状况（如增长率、通货

膨胀率、失业率、利率等)怎样影响被审计单位的经营活动?③被审计单位的经营活动是否受到汇率波动或全球市场力量的影响?

(四)了解被审计单位的性质

审计师可以从所有权结构、治理结构、组织结构、经营活动、投资活动、筹集活动等方面来了解被审计单位的性质。

1. 了解被审计单位的所有权结构

审计师应当了解被审计单位所有者与其他人员或实体之间的关系,考虑关联方关系是否已经得到识别,以及关联方交易是否得到恰当核算。

2. 了解被审计单位的治理结构

审计师应当了解被审计单位的治理结构。例如,董事会的构成情况、董事会内部是否有独立董事;治理结构中是否设有审计委员会或监事会及其运作情况。审计师应当考虑治理层是否能够在独立于管理层的情况下对被审计单位事务(包括财务报告)作出客观判断。

3. 了解被审计单位的组织结构

审计师应当了解被审计单位的组织结构,考虑复杂组织结构可能导致的重大错报风险,包括财务报表合并、商誉减值以及长期股权投资核算等问题。

4. 了解被审计单位的经营活动

审计师应当了解被审计单位的经营活动,主要包括主营业务的性质;与生产产品或提供劳务相关的市场信息;业务的开展情况;联盟、合营与外包情况;从事电子商务的情况、地区分布与行业细分;生产设施、仓库和办公室的地理位置,存货存放地点和数量;

关键客户；货物和服务的重要供应商；劳动用工安排；研究与开发活动及其支出；关联方交易等。

5. 了解被审计单位的投资活动

审计师应当了解被审计单位的投资活动，主要包括近期拟实施或已实施的并购活动与资产处置情况，包括业务重组或某些业务的终止；并购活动如何与被审计单位目前的经营业务相协调，并考虑它们是否会引发进一步的经营风险；证券投资、委托贷款的发生与处置；资本性投资活动，包括固定资产和无形资产投资，近期或计划发生的变动，以及重大的资本承诺等；不纳入合并范围的投资等。

6. 了解被审计单位的筹资活动

审计师应当了解被审计单位的筹资活动，主要包括债务结构和相关条款，包括资产负债表外融资和租赁安排；主要子公司和联营企业（无论是否处于合并范围内）；实际受益方及关联方；衍生金融工具的使用等。

（五）了解被审计单位对会计政策的选择和运用

审计师应当了解和关注被审计单位的重要会计政策选择和运用事项包括①当前所采用的会计政策，包括会计估计；②重大和异常交易的会计处理方法；③缺乏权威性标准或共识、有争议的或新兴领域所采用的重要会计政策及其产生的影响；④会计政策的变更；⑤新颁布的财务报告准则、法律法规，以及被审计单位何时采用、如何采用这些规定。

除上述与会计政策的选择和运用相关的事项外，审计师还应对被审计单位下列与会计政策运用相关的情况予以关注：①是否采用激进的会计政策、方法、估计和判断;②财会人员是否拥有足够的运用会计准则的知识、经验和能力;③是否拥有足够的资源支持会计政策的运用,如人力资源及培训、信息技术的采用、数据和信息的采集等。

审计师应当考虑,被审计单位是否按照适用会计准则的规定恰当地进行了列报,并披露了重要事项。列报和披露的主要内容包括:①财务报表及其附注的格式、结构安排、内容;②财务报表项目使用的术语,披露信息的明细程度;③项目在财务报表中的分类以及列报信息的来源等。审计师应当考虑被审计单位是否已对特定事项作了适当的列报和披露。

(六)了解被审计单位的目标、战略以及相关经营风险

审计师应当了解被审计单位是否存在与下列方面有关的目标和战略,并考虑相应的经营风险:①行业发展;②开发新产品或提供新服务;③业务扩张;④新的会计要求;⑤监管要求;⑥本期及未来的融资条件;⑦信息技术的运用;⑧实施战略的影响,特别是由此产生的需要运用新的会计要求的影响。

经营风险与财务报表重大错报风险是既有联系又相互区别的两个概念,前者比后者范围更广。审计师了解被审计单位的经营风险有助于其识别财务报表重大错报风险。但并非所有的经营风险都与财务报表相关,审计师没有责任识别或评估对财务报表没有影响的经营风险。

审计师应当根据被审计单位的具体情况考虑经营风险是否可能导致财务报表发生重大错报。

（七）了解被审计单位财务业绩的衡量和评价

在了解被审计单位财务业绩衡量和评价情况时，审计师应当关注下列信息：①关键业绩指标（财务或非财务的）、关键比率、趋势和经营统计数据；②同期财务业绩比较分析；③预算、预测、差异分析，分部信息与分部、部门或其他不同层次的业绩报告；④员工业绩考核与激励性报酬政策；⑤被审计单位与竞争对手的业绩比较。

审计师应当关注被审计单位内部财务业绩衡量所显示的未预期到的结果或趋势，管理层的调查结果和纠正措施，以及相关信息是否显示财务报表可能存在重大错报。

审计师了解被审计单位财务业绩的衡量与评价，是为了考虑管理层是否面临实现某些关键财务业绩指标的压力。此外，了解管理层认为重要的关键业绩指标，有助于审计师深入了解被审计单位的目标和战略。

四、识别和评估重大错报风险与特别风险

评估重大错报风险是风险评估阶段的最后一个步骤。获取的风险因素将用于评估财务报表层次以及各类交易、账户余额和披露认定层次的重大错报风险。风险的识别与评估有助于确定进一步审计程序的性质、范围和时间安排，以便应对识别的风险。

（一）识别和评估重大错报风险

1. 应当实施的审计程序

在评估重大错报风险时，审计师应当实施下列审计程序。

（1）在了解被审计单位及其环境（包括与风险相关的控制）的

整个过程中，结合对财务报表中各类交易、账户余额和披露的考虑，识别风险。例如，被审计单位因相关环境法规的实施需要更新设备，可能面临原有设备闲置或贬值的风险；宏观经济的低迷可能预示应收账款的回收存在问题；竞争者开发的新产品上市，可能导致被审计单位的主要产品在短期内过时，预示将出现存货跌价和长期资产（如固定资产等）的减值。

（2）结合对拟测试的相关控制的考虑，将识别出的风险与认定层次可能发生错报的领域相联系。例如，销售困难使产品的市场价格下降，可能导致年末存货成本高于其可变现净值而需要计提存货跌价准备，这显示存货的计价认定可能发生错报。

（3）评估识别出的风险，并评价其是否更广泛地与财务报表整体相关，进而潜在地影响多项认定。

（4）考虑发生错报的可能性（包括发生多项错报的可能性），以及潜在错报的重大程度（即是否导致了重大错报）。审计师应当利用实施风险评估程序获取的信息，包括在测试和评价内部控制有效性中获取的审计证据，作为支持风险评估结果的审计证据。审计师应当根据风险评估结果，确定实施进一步审计程序的性质、时间安排和范围。在对重大错报风险进行识别和评估后，审计师应当确定，识别的重大错报风险是与特定的某类交易、账户余额和披露的认定相关，还是与财务报表整体广泛相关，进而影响多项认定。某些重大错报风险可能与特定的某类交易、账户余额和披露的认定相关。例如，被审计单位存在复杂的联营或合资，这一事项表明长期股权投资账户的认定可能存在重大错报风险。又如，被审计单位存在重大的关联方交易，该事项表明关联方及关联方交易的披露认定可能存在重大错报风险。

2. 考虑内部控制对重大错报风险的影响

审计师在考虑内部控制对重大错报风险的影响时，应当从以下两个方面进行分析。

(1)控制环境对财务报表层次重大错报风险的影响。财务报表层次重大错报风险很可能源于薄弱的控制环境。薄弱的控制环境带来的风险可能对财务报表产生广泛影响，而不仅限于某类交易、账户余额和披露，审计师应当采取总体应对措施。

(2)将内部控制与特定认定相联系。这是因为内部控制有助于防止或发现并纠正认定层次的重大错报。在评估重大错报发生的可能性时，除了考虑可能的风险外，还要考虑内部控制对风险的抵消和遏制作用。有效的内部控制会减少错报发生的可能性，而内部控制不当或缺乏内部控制，错报就会由可能变成现实。内部控制可能与某一认定直接相关，也可能与某一认定间接相关。关系越间接，内部控制在防止或发现并纠正认定中错报的作用越小。

(二)识别和评估特别风险

1. 特别风险的含义

特别风险是指审计师识别和评估的、根据判断认为需要特别考虑的重大错报风险。

2. 识别和评估特别风险应考虑的事项

在确定哪些风险是特别风险时，审计师应当根据风险的性质、潜在错报的重要程度(包括该风险是否可能导致多项错报)和发生的可能性来判断。

在确定风险的性质时，审计师应当考虑下列事项：①是否属于舞弊风险。凡是涉及舞弊的风险,特别涉及管理层舞弊的风险,往往就属于特别风险。②是否与近期经济环境、会计处理方法或其他方面的重大变化相关,因而需要特别关注。③是否涉及复杂或异常的交易。交易越复杂,特别是经过精心设计的非正常交易,存在重大错报的风险就越高,因而需要特别关注。④是否涉及重大的关联方交易。若涉及重大关联交易,存在利益输送的可能性越大,同时可能存在违法违规行为,则重大错报风险就越高。⑤财务信息是否涉及大量的主观判断且具有高度不确定性。往往需要大量主观判断、复杂计算才能得出的财务信息,存在的重大错报风险就越高。

3. 存在特别风险时对内部控制的补充考虑

了解与特别风险相关的内部控制,有助于审计师制定有效的审计方案。对特别风险,审计师应当评价相关内部控制的设计情况,并确定其是否得到执行。由于与重大非常规交易或判断事项相关的风险很少受到日常内部控制的约束,审计师应当了解被审计单位是否针对该特别风险设计和实施了相关的内部控制。

如果管理层未能实施内部控制以恰当应对特别风险,审计师应当认为内部控制存在重大缺陷,并考虑其对风险评估的影响。在此情况下,审计师应当就此类事项与治理层沟通。

五、仅通过实质性程序无法应对的重大错报风险

审计师如果认为仅通过实质性程序获取的审计证据无法将认定层次的重大错报风险降至可接受的低水平,就应当评价被审计单位针对这些风险设计的控制,并确定其执行情况。

在被审计单位对日常交易采用信息系统自动处理的情况下，审计证据可能仅以电子形式存在，其充分性和适当性通常取决于信息系统相关控制的有效性。此时，审计师仅通过实施实质性程序不能获取充分、适当审计证据，还应当考虑评价相关内部控制的有效性。

第三节　风险应对措施

一、财务报表层次重大错报风险的总体应对措施

在财务报表重大错报风险的评估过程中，审计师应当确定，识别的重大错报风险是与特定的某类交易、账户余额和披露的认定相关，还是与财务报表整体广泛相关，进而影响多项认定。如果是后者，则属于财务报表层次的重大错报风险。

审计师应当针对评估的财务报表层次重大错报风险确定下列总体应对措施。

(1)强调保持职业怀疑的必要性。审计师应以质疑的思维方式评价所获取证据的有效性，并对相互矛盾的证据，以及引起对文件记录或责任方提供的信息的可靠性产生怀疑的证据保持警觉。不能轻信管理层和治理层的诚信而满足于其所提供的审计证据，而应保持应有的职业怀疑和职业谨慎态度来实施相应的审计程序，以获取充分适当的审计证据。

(2)指派更有经验或具有特殊技能的审计人员，或利用专家工作。由于各行业在经营业务、经营风险、财务报告、法规要求等方

面具有特殊性，审计人员的专业分工细化成为一种趋势。审计项目组成员中应有一定比例的人员曾经参与过被审计单位以前年度的审计，或具有被审计单位所处特定行业的相关审计经验。必要时，要考虑利用信息技术、税务、评估、精算等方面的专家工作。

(3)提供更多的督导。对于财务报表层次重大错报风险较高的审计项目，审计项目组的高级别成员，如项目合伙人、项目经理等经验较丰富的人员，要对其他成员提供更详细、更经常、更及时的指导和监督，并加强项目质量复核。

(4)在选择拟实施的进一步审计程序时融入更多的不可预见的因素。审计师要考虑使某些程序不被被审计单位管理层预见或事先了解。在实务中，审计师可以采用以下方式：①对某些未测试过的低于设定的重要性水平或风险较小的账户余额和披露实施实质性程序；②调整实施审计程序的时间，使被审计单位不可预期；③采取不同的审计抽样方法，使当期抽取的测试样本与以前有所不同；④选取不同的地点实施审计程序，或预先不告知被审计单位所选定的测试地点。

(5)修订审计计划。如果控制环境存在缺陷，审计师在对拟实施审计程序的性质、时间安排和范围做出总体修改时应当考虑：①在期末而非期中实施更多的审计程序。控制环境的缺陷通常会削弱期中获得的审计证据的可信赖程度。②通过实施实质性程序获取更广泛的审计证据。良好的控制环境是其他控制要素发挥作用的基础。控制环境存在缺陷通常会削弱其他控制要素的作用，导致审计师可能无法信赖内部控制，而主要依赖实施实质性程序获取审计证据。③增加拟纳入审计范围的经营地点的数量。

二、认定层次重大错报风险的进一步审计程序

(一)进一步审计程序的内涵和要求

1.进一步审计程序的内涵

进一步审计程序相对于风险评估程序而言,是指审计师针对评估的各类交易、账户余额和披露认定层次重大错报风险实施的审计程序,包括控制测试和实质性程序。

2.设计进一步审计程序的要求

在设计进一步审计程序时,审计师应当考虑下列因素:①风险的重要性。风险的重要性是指风险造成的后果的严重程度。风险的后果越严重,就越需要审计师关注和重视,越需要精心设计有针对性的进一步审计程序。②重大错报发生的可能性。重大错报发生的可能性越大,越需要精心设计进一步审计程序。③涉及的各类交易、账户余额和披露的特征。不同的交易、账户余额和披露产生的认定层次的重大错报风险也会存在差异,适用的审计程序也有差别,需要审计师区别对待,并设计有针对性的进一步审计程序予以应对。④被审计单位采用的特定控制的性质。不同性质的控制(是人工控制还是自动化控制)对审计师设计进一步审计程序具有重要影响。⑤审计师是否拟获取审计证据,以确定内部控制在防止或发现并纠正重大错报方面的有效性。如果审计师在风险评估时预期内部控制运行有效,随后拟实施的进一步审计程序就必须包括控制测试,且实质性程序自然会受到之前控制测试结果的影响。

(二)进一步审计程序的性质

进一步审计程序的性质是指进一步审计程序的目的和类型。

进一步审计程序的目的包括通过实施控制测试,以确定内部控制运行的有效性;通过实施实质性程序,以发现认定层次的重大错报。在应对评估的风险时,合理确定审计程序的性质是最重要的。这是因为不同的审计程序应对特定认定错报风险的效力不同。

进一步审计程序的类型包括检查、观察、询问、函证、重新计算、重新执行和分析程序。审计师应当根据认定层次重大错报风险的评估结果选择审计程序。评估的认定层次重大错报风险越高,对通过实质性程序获取的审计证据的相关性和可靠性的要求越高,从而可能影响进一步审计程序的类型及其综合运用。例如,当审计师判断某类交易协议的完整性存在更高的重大错报风险时,除了检查文件以外,审计师还可能决定向第三方询问或函证协议条款的完整性。

(三)进一步审计程序的时间安排

1.进一步审计程序的时间安排的含义

进一步审计程序的时间是指审计师何时实施进一步审计程序,或审计证据适用的期间或时点。因此,当提及进一步审计程序的时间安排时,在某些情况下指的是审计程序的实施时间,在另一些情况下是指需要获取的审计证据适用的期间或时点。

2.确定进一步审计程序的时间安排应考虑的因素

审计师在确定何时实施审计程序时,应当考虑的重要因素包括:①控制环境。良好的控制环境可以抵消在期中实施进一步审计程序的局限性，使审计师在确定实施进一步审计程序的时间有更大的灵活度。②何时能得到相关信息。例如，某些控制活动可能仅在期中(或期中以前)发生，而之后可能难以再被观察到。再如，某些电子化的交易和账户文档如未能及时取得，可能被覆盖。在这些情况下，审计师如果希望获取相关信息，则需要考虑能够获取、相关信息的时间。③错报风险的性质。例如，被审计单位可能为了保证盈利目标的实现，而在会计期末以后伪造销售合同以虚增收入，此时审计师需要考虑在期末(即资产负债表日)这个特定时点获取被审计单位截至期末所能提供的所有销售合同及相关资料，以防范被审计单位作资产负债表日后伪造销售合同虚增收入的做法。④审计证据适用的期间或时点。

(四)进一步审计程序的范围

1. 进一步审计程序的范围的含义

进一步审计程序的范围是指实施进一步审计程序的数量，包括抽取的样本量、对某项控制活动的观察次数等。

2. 确定进一步审计程序的范围应当考虑的因素

在确定进一步审计程序的范围时，审计师应当考虑下列因素：①确定的重要性水平。确定的重要性水平越低，审计师实施进一步审计程序的范围越广。②评估的重大错报风险。评估的重大错报风险越高，对拟获取审计证据的充分性、相关性、可靠性的要求越高，因此，审计师实施的进一步审计程序的范围也越广。③计划获取的保证程度。计划获取的保证程度，是指审计师计划通过所实施的审计程序对测试结果可靠性所获取的信心。审计师对财务报表是否不存在重大错报的信心主要来自控制测试和实质性程度。计划获取的保证程度越高,对测试结果可靠性要求越高,审计师实施的进一步审计程序的范围越广。例如,如果审计师计划从控制测试中获取更高的保证程度,则控制测试的范围就更广。

如果存在下列情形,就可能表明审计范围不当:①从总体中选择的样本量过小;②选择的抽样方法对实现特定目标不适当;③未对发现的例外事项进行恰当的追查。

审计师在综合运用不同审计程序时,不仅应当考虑其性质,还应当考虑其范围是否恰当。

第四节 控制测试

一、控制测试的含义和要求

(一)控制测试的含义

控制测试指的是测试控制运行的有效性。在测试控制运行的有效性时,审计师应当从下列方面获取关于控制是否有效运行的审计证据:①控制在所审计期间的不同时点是如何运行的;②控制是否得到一贯执行;③控制由谁执行;④控制以何种方式运行(如人工控制或自动化控制)。从这四个方面来看,控制运行有效性强调的是控制能够在各个不同时点按照既定设计得以一贯执行。因此,在了解控制是否得到执行时,审计师只需抽取少量的交易进行检查或观察某几个时点。但在测试控制运行的有效性时,审计师需要抽取足够数量的交易进行检查或对多个不同时点进行观察。

（二）控制测试的要求

当存在下列情形之一时，审计师应当实施控制测试：①在评估认定层次重大错报风险时，预期控制的运行是有效的；②仅实施实质性程序不足以提供认定层次充分、适当的审计证据。在认为仅通过实施实质性程序不能获取充分、适当的审计证据的情况下，审计师必须实施控制测试，且这种测试已经不再是单纯出于成本效益的考虑，而是必须获取的一类审计证据。

二、控制测试的性质

（一）控制测试的性质

控制测试的性质是指控制测试所使用的审计程序的类型及其组合。虽然控制测试与了解内部控制的目的不同，但两者采用审计程序的类型通常相同，包括询问、观察、检查重新执行和穿行测试。此外，控制测试的程序还包括重新执行。

1. 询问

注册会计师可以向被审计单位适当员询问，获取与内部控制运行情况相关的信息。例如，询问信息系统管理人员有无未经授权接触计算机硬件和软件，向负责复核银行存款余额调节表的人员询问如何进行复核，包括复核的要点是什么、发现不符事项如何处理等。然而，仅仅通过询问不能为控制运行的有效性提供充分的证据，注册会计师通常需要印证被询问者的答复，如向其他人员询问和检查执行控制时所使用的报告、手册或其他文件等。因此，虽然询问是一种有用的手段，但它必须和其他测试手段结合使用才能发挥作用。在询问过程中，注册会计师应当保持职业怀疑态度。

2.观察

观察是测试不留下书面记录的控制(如职责分离)的运行情况的有效方法。例如,观察存货盘点控制的执行情况。观察也可运用于实物控制,如查看仓库门是否锁好,或空向支票是否妥善保管。通常情况下,注册会计师通过观察直接获取的证据比间接获取的证据更可靠,但是,注册会计师还要考虑其所观察到的控制在注册会计师不在场时可能未被执行的情况。

3.检查

对运行情况留有书面证据的控制,检查非常适用。书面说明、复核时留下的记号,或其他记录在偏差报告中的标志都可以被当作控制运行情况的证据。例如,检查销售发票是否有复核人员签字,检查销售发票是否附有客户订购单和出库单等。

4.重新执行

通常只有当询问、观察和检查程序结合在一起仍无法获得充分的证据时。注册会计师才考虑通过重新执行来证实控制是否有效运行。例如,为了合理保证计价认定的准确性,被审计单位的一项控制是由复核人员核对销售发票上的价格与统一价格单上的价格是否一致。但是,要检查复核人员有没有认真执行核对,仅仅检查复核人员是否在相关文件上签字是不够的,注册会计师还需要自己选取一部分销售发票进行核对,这就是重新执行程序。但是,如果需要进行大量的重新执行,注册会计师就要考虑通过实施控制测试以缩小实质性程序的范围是否有效率。

5. 穿行测试

除了上述四类控制测试常用的审计程序以外，实施穿行测试也是一种重要的审计程序。值得注意的是，穿行测试不是单独的一种程序，而是将多种程序按特定审计需要进行结合运用的方法。穿行测试是通过追踪交易在财务报告信息系统中的处理过程，来证实注册会计师对控制的了解、评价控制设计的有效性以及确定控制是否得到执行。可见，穿行测试更多地在了解内部控制时运用。但在执行穿行测试时，注册会计师可能获取部分控制运行有效性的审计证据。

询问本身并不足以测试控制运行的有效性，注册会计师应当将询问与其他审计程序结合使用，以获取有关控制运行有效性的审计证据。观察提供的证据仅限于观察发生的时点，本身也不足以测试控制运行的有效性；将询问与检查或重新执行结合使用，通常能够比仅实施询问和观察获取更高的保证。例如，被审计单位针对处理收到的邮政汇款单设计和执行了相关的内部控制，注册会计师通过询问和观察程序往往不足以测试此类控制的运行有效性，还需要检查能够证明此类控制在所审计期间的其他时段有效运行的文件和凭证，以获取充分、适当的审计证据。

（二）确定控制测试的性质时的要求

审计师确定控制测试的性质时，通常考虑以下要求。

（1）考虑特定控制的性质。注册会计师应当根据特定控制的性质选择所需实施审计程序的类型。控制测试采用审计程序的类型包括询问、观察、检查和重新执行。

（2）考虑测试与认定直接相关和间接相关的控制。审计师在测试与认定直接相关的关键内部控制时，对于重要的间接相关的内部控制也应加以考虑，以全面评价该内部控制的有效性。

(3)如何对一项自动化的应用控制实施控制测试。对于一项自动化的应用控制，由于信息技术处理过程的内在一贯性，注册会计师可以利用该项控制得以执行的审计证据和信息技术一般控制(特别是对系统变动的控制)运行有效性的审计证据，作为支持该项控制在相关期间运行有效性的重要审计证据。

(三)实施控制测试时对双重目的的实现

控制测试的目的是评价控制是否有效运行；细节测试的目的是发现认定层次的重大错报。尽管两者目的不同，但审计师可以考虑针对同一交易同时实施控制测试和细节测试，以实现双重目的。例如，审计师通过检查某笔交易的发票可以确定其是否经过适当的授权，也可以获取关于该交易的金额、发生时间等细节证据。当然，如果拟实施双重目的测试，审计师应当仔细设计和评价测试程序。

(四)实施实质性程序的结果对控制测试结果的影响

审计师应当考虑实施实质性程序发现的错报对评价相关控制运行有效性的影响。如果实施实质性程序发现被审计单位没有识别出的重大错报，通常表明内部控制存在重大缺陷，审计师应当就这些缺陷与管理层和治理层进行沟通。

三、控制测试的时间

(一)控制测试的时间的含义

控制测试的时间包含两层含义：一是何时实施控制测试；二是

测试所针对的控制适用的时点或期间。审计师应当根据控制测试的目的确定控制测试的时间，并确定拟信赖的相关控制的时点或期间。

如果需要获取控制在某一期间有效运行的审计证据，仅获取与时点相关的审计证据是不充分的，审计师应当辅以其他控制测试，包括测试被审计单位对控制的监督。

（二）如何考虑期中审计证据

对于控制测试，审计师在期中实施此类程序具有更积极的作用。但是，即使审计师已获取有关控制在期中运行有效性的审计证据，仍然需要考虑如何能够将控制在期中运行有效性的审计证据合理延伸至期末。一个基本的考虑是，审计师应针对期中至期末这段剩余期间获取充分、适当的审计证据。

因此，如果已获取有关控制在期中运行有效性的审计证据，并拟利用该证据，审计师应当实施下列审计程序：①获取这些控制在剩余期间变化情况的审计证据；②确定针对剩余期间还需要获取的补充审计证据。

确定针对剩余期间需要获取的补充审计证据时，审计师应当考虑下列因素。

(1)评估认定层次重大错报风险的重大程度。评估的重大错报风险对财务报表的影响越大，审计师需要获取的剩余期间的补充证据越多。

(2)在期中测试的特定控制。例如，对自动化运行的控制，审计师更可能测试信息系统一般控制的运行有效性，以获取控制在剩余期间运行有效性的审计证据。

(3)在期中对有关控制运行有效性获取的审计证据的程度。如果审计师在期中对有关控制运行有效获取的审计证据比较充分,可以考虑适当减少需要获取的剩余期间的补充证据。

(4)剩余期间的长度。剩余期间越长,审计师需要获取的剩余期间的补充证据越多。

(5)在信赖控制的基础上拟减少进一步实质性程序的范围。审计师对相关控制的信赖程度越高,通常在信赖控制的基础上拟减少进一步实质性程序的范围就越大。在这种情况下,审计师需要获取的剩余期间的补充证据越多。

(6)控制环境。在审计师总体上拟信赖控制的前提下,控制环境越薄弱(或把握程度越低),审计师需要获取的剩余期间的补充证据越多。

通过测试剩余期间控制的运行有效性或测试被审计单位对控制的监督,审计师可以获取补充审计证据。

(三)如何考虑以前审计获取的审计证据

审计师在本期审计时还可以适当考虑利用以前审计获取的有关控制运行有效性的审计证据(内部控制相对稳定);审计师在利用以前审计获取的有关控制运行有效性的审计证据时需要格外慎重,充分考虑各种因素。

在确定利用以前审计获取的有关控制运行有效性的审计证据是否适当以及再次测试控制的时间间隔时,审计师应当考虑相关因素。

如果拟信赖以前审计获取的某些控制运行有效性的审计证据,审计师应当在每次审计时从中选取足够数量的控制,测试其运行有效性；不应将所有拟信赖控制的测试集中于某一次审计，而在之后的两次审计中不进行任何测试。

鉴于特别风险的特殊性，对于旨在减轻特别风险的控制，不论该控制在本期是否发生变化，审计师都不应依赖以前审计获取的证据，应当在每次审计中都测试这类控制。

四、控制测试的范围

控制测试的范围，是指某项控制活动的测试次数。审计师应当设计控制测试，以获取控制在整个拟信赖的期间有效运行的充分、适当的审计证据。

（一）确定控制测试范围的考虑因素

审计师在确定某项控制的测试范围时通常考虑下列因素。

(1)在整个拟信赖的期间，被审计单位执行控制的频率。控制执行的频率越高，控制测试的范围越大。

(2)在所审计期间，审计师拟信赖控制运行有效性的时间长度。拟信赖控制运行有效性的时间长度不同，在该时间长度内发生的控制活动次数也不同。审计师需要根据拟信赖控制的时间长度确定控制测试的范围。拟信赖期间越长，控制测试的范围越大。

(3)为证实控制能够防止或发现并纠正认定层次重大错报，所需获取审计证据的相关性和可靠性。对审计证据的相关性和可靠性要求越高，控制测试的范围越大。

(4)通过测试与认定相关的其他控制获取的审计证据的范围。针对同一认定，可能存在不同的控制。当针对其他控制获取审计证据的充分性和适当性较高时，测试该控制的范围可适当缩小。

(5)在风险评估时拟信赖控制运行有效性的程度。审计师在风险评估时对控制运行有效性的拟信赖程度越高,需要实施控制测试的范围越大。

(6)控制的预期偏差。预期偏差可以用控制未得到执行的预期次数占控制应当得到执行次数的比率加以衡量(也可称为预期偏差率)。控制的预期偏差率越高,需要实施控制测试的范围越大。如果控制的预期偏差率过高,审计师应当考虑控制可能不足以将认定层次的重大错报风险降至可接受的低水平,从而针对某一认定实施的控制测试可能是无效的。

(二)对自动化控制的测试范围的特别考虑

除非系统(包括系统使用的表格、文档或其他永久性数据)发生变动,审计师通常不需要增加自动化控制的测试范围。

信息技术处理具有内在一贯性,除非系统发生变动,一项自动化应用控制应当一贯运行。对于一项自动化应用控制,一旦确定被审计单位正在执行该控制,注册会计师通常无须扩大控制测试的范围,但需要考虑执行下列测试以确定该控制持续有效运行。

(1)测试与该应用控制有关的一般控制的运行有效性。

(2)确定系统是否发生变动,如果发生变动,是否存在适当的系统变动控制。

(3)确定对交易的处理是否使用授权批准的软件版本。例如,注册会计师可以检查信息系统安全控制记录,以确定是否存在未经授权的接触系统硬件和软件,以及系统是否发生变动。

五、控制测试的实施

注册会计师在执行控制测试时，主要应查明以下三个方面：一是这项控制是怎样执行的；二是是否在本年中一贯地得以执行；三是由谁来执行。如果某项控制在本年中由经过授权的人员一贯地予以执行，这项内部控制就是有效的。否则，就是内部控制失效。通常，注册会计师将内部控制未能有效执行或执行不当称作“偏差”“例外”或“偶发事件”。

由于被审计单位的内部控制是针对企业的业务处理全过程设计的，某些内部控制的失效或执行不当并不一定会影响到财务报表的重大错报或漏报。例如，工资的计算需要独立于计算人员的其他人员进行复核，如果未经过复核，则该项控制失效。如果工资计算人员本身是认真负责地进行计算，工资的支出与记录并不一定会出现重大错报。由此可见，并不是所有的内部控制失效均会导致财务报表出现错报或漏报。因此，注册会计师不是对所有的内部控制均要进行控制测试，而只是对可能会导致财务报表出现重大错报或漏报的那些内部控制政策和程序执行控制测试。

第五节　实质性程序

一、实质性程序的内涵和要求

（一）实质性程序的内涵

实质性程序是指用于发现认定层次重大错报的审计程序，包括对各类交易、账户余额和披露的细节测试以及实质性分析程序。

(二)实施实质性程序的要求

审计师实施的实质性程序应当包括下列与财务报表编制完成阶段相关的审计程序。

(1)将财务报表与其所依据的会计记录进行核对或调节。

(2)检查财务报表编制过程中做出的重大会计分录和其他调整。审计师对会计分录和其他会计调整检查的性质和范围,取决于被审计单位财务报告过程的性质和复杂程度以及由此产生的重大错报风险。

由于审计师对重大错报风险的评估是一种判断,可能无法充分识别所有的重大错报风险,并且由于内部控制存在固有局限性,无论评估的重大错报风险结果如何,审计师都应当针对所有重大的各类交易、账户余额和披露实施实质性程序。

如果认为评估的认定层次重大错报风险是特别风险,审计师应当专门针对该风险实施实质性程序。

二、实质性程序的性质

实质性程序的性质,是指实质性程序的类型及其组合。实质性程序有两种基本类型:细节测试和实质性分析程序。

(一)细节测试

细节测试是对各类交易、账户余额和披露的具体细节进行测试,目的在于直接识别财务报表认定是否存在错报。细节测试被用于获取与某些认定相关的审计证据,如存在、准确性、计价等。

对于细节测试,审计师应当针对评估的风险设计细节测试,获取充分、适当的审计证据，以达到认定层次所计划的保证水平。例如，在针对存在或发生认定设计细节测试时，审计师应当选择包含在财务报表金额中的项目，并获取相关审计证据；又如，在针对完整性认定设计细节测试时，审计师应当选择有证据表明应包含在财务报表金额中的项目，并调查这些项目是否确实包括在内，如为应对被审计单位漏记本期应付账款的风险，审计师可以检查其后付款记录。

（二）实质性分析程序

细节测试适用于对各类交易、账户余额和披露认定的测试，尤其是对存在或发生、计价认定的测试；对在一段时间内存在可预期关系的大量交易，审计师可以考虑实施实质性分析程序。

实质性分析程序仍然是分析程序，主要是通过研究数据间关系评价信息，以识别各类交易、账户余额和披露及相关认定是否存在错报。实质性分析程序通常更适用于在一段时间内存在可预期关系的大量交易。

审计师在设计实质性分析程序时应当考虑的因素包括：①对特定认定使用实质性分析程序的适当性；②对已记录的金额或比率作出预期时，所依据的内部或外部数据的可靠性；③作出预期的准确程度是否足以在计划的保证水平上识别重大错报；④已记录金额与预期值之间可接受的差异额。

三、实质性程序的时间

（一）是否在期中实施实质性程序应当考虑的因素

审计师在考虑是否在期中实施实质性程序时应当考虑以下

因素。

(1)控制环境和其他相关的控制。控制环境和其他相关的控制越薄弱,审计师越不宜在期中实施实质性程序。

(2)实施审计程序所需信息在期中之后的可获得性。如果实施实质性程序所需信息在期中之后可能难以获取(如系统变动导致某类交易记录难以获取),审计师应考虑在期中实施实质性程序;但如果实施实质性程序所需信息在期中之后的获取并不存在明显困难,该因素不应成为审计师在期中实施实质性程序的重要影响因素。

(3)实质性程序的目的。如果针对某项认定实施实质性程序的目的就包括获取该认定的期中审计证据(从而与期末比较),审计师应在期中实施实质性程序。

(4)评估的重大错报风险。审计师评估的某项认定的重大错报风险越高,针对该认定所需获取的审计证据的相关性和可靠性要求也就越高,审计师应当考虑将实质性程序集中于期末(或接近期末)实施。

(5)特定类别交易或账户余额以及相关认定的性质。审计师应根据具体不同交易事项或账户余额及其相关认定的类别,来考虑是否适宜在期中实施实质性程序。

(6)针对剩余期间,能否通过实施实质性程序或将实质性程序与控制测试相结合,降低期末存在错报而未被发现的风险。如果针对剩余期间审计师可以通过实施实质性程序或将实质性程序与控制测试相结合,较有把握地降低期末存在错报而未被发现的风险,审计师可以考虑在期中实施实质性程序;但如果针对剩余期间审计师认为还需要消耗大量审计资源才有可能降低期末存在错报而未被发现的风险，甚至没有把握通过适当的进一步审计程序降低期末存在错报而未被发现的风险，审计师就不宜在期中实施实质性程序。

（二）将期中实质性程序的结论延伸至期末的考虑

如果在期中实施了实质性程序，审计师应当针对剩余期间实施进一步的实质性程序，或将实质性程序和控制测试结合使用，以将期中测试得出的结论合理延伸至期末。在将期中实施的实质性程序得出的结论合理延伸至期末时，审计师有两种选择：一是针对剩余期间实施进一步的实质性程序；二是将实质性程序和控制测试结合使用。

如果拟将期中测试得出的结论延伸至期末，审计师应当考虑针对剩余期间仅实施实质性程序是否足够。如果认为实施实质性程序本身不充分，审计师还应测试剩余期间相关控制运行的有效性或针对期末实施实质性程序。

四、实质性程序的范围

评估的认定层次重大错报风险和实施控制测试的结果是审计师在确定实质性程序的范围时的重要考虑因素。因此，在确定实质性程序的范围时，审计师应当考虑评估的认定层次重大错报风险和实施控制测试的结果。审计师评估的认定层次的重大错报风险越高，需要实施实质性程序的范围就越广。如果对控制测试结果不满意，审计师应当考虑扩大实质性程序的范围。

在设计细节测试时，审计师除了从样本量的角度考虑测试范围外，还要考虑选样方法的有效性等因素。例如，从总体中选取大额或异常项目，而不是进行代表性抽样或分层抽样。

在设计实质性分析程序时，审计师应当确定已记录金额与预期值之间可接受的差异额。在确定该差异额时，审计师应当主要考虑各类交易、账户余额和披露及相关认定的重要性和计划的保证水平。

现代风险导向审计的核心就是需要对重大错报风险进行评估，本章在分析审计风险来源的基础上，对如何评估重大错报风险进行了阐述，以及应对重大错报风险的措施。

第四章　审计质量界定及其衡量标准

第一节　审计质量内涵及主要影响因素

一、注册会计师审计及其审计质量

注册会计师审计，也称民间审计，是以会计师事务所为主体所实施的审计。因此，对注册会计师审计质量的评价应以会计师事务所为主体。

关于审计质量的定义在各文献中有不同的表述，本书中，将审计质量定义为当会计报表存在错误或舞弊时，审计师发现并报告会计报表错误或舞弊的可能性的大小。

二、影响注册会计师审计质量的主要因素

注册会计师审计的内涵特征包含了独立性和技术性两方面，

那么，影响注册会计师审计质量的主要因素也将从这两方面展开。

(一)独立性层面

1. 独立性的含义

独立性是注册会计师执行鉴证业务的灵魂，是影响审计质量的关键因素。何为独立性呢？理论界一直未得出令人满意的答案。曾任美国注册会计师协会主席的凯尔和审计准则委员会主席齐格勒认为“独立性的定义为正直和客观的行为能力”。美国的《职业道德规范》中采纳了这一定义，并将客观性解释为“审计人员对所有被检查的事项保持公正态度的能力。”

独立性就是注册会计师执行审计或其他鉴定业务时，应当保持形式上和实质上的独立。形式上的独立性，是指注册会计师与被审计单位没有任何的利益关系。实质上的独立性也称精神上的独立或事实上的独立，是指注册会计师在执行审计或其他鉴证业务时，应当不受个人或外界因素的约束、影响和干扰，保持客观且无私的精神态度。因此，注册会计师应在实质上和形式上没有任何被认为有影响独立、客观、公正的利益。而所有这一切无非是希望通过审计的独立来达到审计报告的可靠与真实。

2. 审计独立性缺失的原因

针对我国注册会计师审计市场，笔者从以下三个方面分析审计独立性缺失的原因。

(1)从审计关系层面看审计独立性缺失的原因。

1)注册会计师执业素质影响审计独立性。注册会计师的执业素质包括审计人员的专业胜任能力和职业道德。截至 21 世纪初，我国审计人员的专业胜任能力方面最大的缺陷是知识结构不平衡，在专业知识如会计、审计方面的认识水平高，而在其他方面的知识水平较低。然而，从事审计工作要与各行各业打交道。

例如，让一个不懂计算机知识的人去审计全面电算化的公司的会计资料，他不可能知道该公司整个账务处理过程的漏洞和薄弱点在哪里。在职业道德方面，由于我国注册会计师执业时间不长，被审计单位缺乏法律诉讼意识，许多审计人员屈从客户和上级等方面的压力发表虚假报告；注册会计师为谋求个人私利而丧失审计独立性也是常有的事情。

2)审计收费影响审计独立性。首先，审计收费过低会影响审计独立性。2000 年以来，我国会计师事务所的数量迅速增加，在审计行业形成了审计服务供大于求的局面。面对激烈的竞争，会计师事务所为了承揽更多的业务以在审计市场上占有一席之地，普遍采取"低价式进入策略"，即将最初几年的审计费用设定在审计成本以下，并希望通过较长的审计约定来弥补此前的损失，但是过低的价格是不利于市场竞争的。注册会计师在过低的审计收费的压力下，就可能会减少审计程序以降低审计成本，最终将导致审计质量降低，这无疑会加大注册会计师的审计风险。而会计师事务所会出现逆向选择的动机，不仅竞相压低收费、发起回扣竞争，甚至会出现出卖审计意见等不规范的竞争行为。同时，审计收费过低使审计人员在实际操作过程中为求生存而通过降低审计标准、减少审计程序来完成法定业务，或者为片面追求短期收益而迎合被审计单位的不合法要求，从而与被审计单位合谋进行舞弊，违反市场规则的无序竞争最终将使注册会计师丧失审计独立性，留下众多隐患。

其次，审计收费标准不统一也会对审计独立性产生影响。由于审计产品本身的特殊性，它的价格往往会受到许多因素的影响。直到“十二五”期间，我国审计市场中没有形成统一的收费标准，有的会计师事务所认为审计费用的高低主要取决于委托人资产规模的大小，有的认为委托人公司盈利越多，则应缴纳更高的审计费用。因此，有的会计师事务所按总资产的一定比例收费，有的按客户营业收入或净利润的一定比例收费，而更多的则是通过与客户讨价还价来确定审计费用，这些做法既不规范也不科学。审计收费标准的不统一会严重影响注册会计师的工作积极性，因为注册会计师在付出同样甚至更多劳动的情况下却可能得到不同的甚至更低的劳动报酬，这就导致了他们为追求短期利益而迎合某些被审计单位管理者的意图，最终丧失独立性而出具虚假的审计报告。

3)公司治理结构不合理影响审计独立性。理论上的审计委托代理关系由审计委托方、审计主体和审计客体三方组成。它们之间的关系应该是股东委托注册会计师对公司的管理层进行审计。但是我国多数上市公司是由原来的国有企业通过“改制”上市的，股权高度集中于国有独资或控股企业，且不能上市流通。股权过分集中产生了许多制度性缺陷，董事会成员大多同时为公司高层管理人员，董事长兼任总经理现象普遍，公司高层管理人员既对公司实施具体的经营管理，又名义上代表股东，在董事会中主宰着公司的重大决策，董事会成员和企业高层管理部分成员合二为一，内部人控制现象十分严重，股东大会也只是一种形式，监事会自然也起不到监督的作用，没有完善的公司治理结构，就产生不了有效的委托代理关系。

(2)从社会层面看审计独立性缺失的原因。审计服务市场需求不足影响审计独立性。市场需求是审计产生和发展的源泉和动力。社会对审计的需要是多种多样的。然而在我国,从注册会计师行业多年发展的过程看,推动其发展的根本动力不是市场中各信息的使用者,而是政府;不是出于因所有权与经营权的分离所产生的委托代理关系,而是出于政府部门监督管理的需要。由于我国注册会计师行业恢复、发展的这种特定背景导致在我国多数会计报表使用者并不真正关心审计行业的执业质量。

由于对高审计质量的审计服务需求不足,绝大多数会计师事务所将会缺乏提高执业质量的动力。我国会计师事务所可以从事审计、资本验证等法定业务以及管理咨询等非法定业务,但当前仍以法定业务为主,其服务也主要是满足于相关主管部门的需要。

绝大多数企业聘请注册会计师不是出于自身改善经营管理的需要,而是应付政府部门的要求,将注册会计师服务视为“过关”的一道程序性工作。

(3)从文化层面看审计独立性缺失的原因。中国和东亚社会的历史上,一直是由儒家伦理担当维系社会秩序的纲维。近现代以来,由于西方政治经济文化的欺凌和冲击,这一纲维逐渐解纽,但并没有彻底坍塌,仍在民间起着维持各种社会关系的作用。

在当今中国人的生活及各个方面“中庸”依然盛行。儒家伦理的“中庸”有两个基本特征:第一,中庸是指恰到好处,过犹不及。在“过”与“不及”之间“中行”。对于审计师来说“过”与“不及”很难把握,在利益面前,很多审计师选择了“不及”而抛弃了独立性。第二，作为儒家特色的中庸之道要求人们在考虑问题、采取行动时，从全局出发，不是从自己的立场出发。

这也不一定适应会计职业道德要求。“不进”“不退”则“适中”，这种过于谦逊则有迂腐之嫌；推崇清新寡欲，难免疏于参与和进取；安于现状不求进取，势必有碍于创新和进步。“中庸”处理问题善于“审时度势而后行”，不愿冒风险，且讲究人际关系抹杀个人观点；“隐恶扬善”“执其两端”搞折中。而审计的原则是“求实讲真”，审计的工作是“查账”。这样的原则与“中庸之道”是违背的，在矛盾之中，审计师们往往潜移默化地选择“中庸”之道，那么，为了自己的工作能让审计三方关系人都满意，牺牲的只能是审计独立性。

3.预防审计独立性缺失的措施

在探讨审计独立性缺失的预防措施上，笔者认为究其实质是应该从内、外两方面来确保审计的独立性。所谓“外”就是从外部环境，主要从制度上为独立性提供支持；所谓“内”，就是让审计独立性成为注册会计师的内在精神追求、自觉行动。

(1)加强审计制度建设，提高审计独立性。

1)平衡审计与被审计方力量，改善审计委托关系。在中国这样一个以儒家思想为精神核心的国家里，想要做到强势必须赋予其国家级特有的职权，也即自身的独立性除受经济基础的制约外，更需要依靠充分的社会认可度，即社会地位。在市场经济条件下，会计师事务所以普通经济主体的身份，去驾驭经济实力强于自己的企业，本身就处于弱势。建议从事审计签证工作的会计师事务所试图以事业单位的形式出现，以充分代表广大投资人的利益，运用强势手段去审核经济实体，使二者地位发生改变，而且不会在面对来自各方的干预时处于劣势。也许在短时间内从根本上改变两者的地位是极其困难的，那么我们也可以尝试去建立一种平衡机制使审计与被审计双方达到力量平衡。若两者处在平等的地位上，将更利于审计人员恪尽职守，审计独立性也就有了保障。

2)建立合理的激励机制，提高代理效率。代理问题可能会带来效率损失和较高的代理成本。为了改进委托代理问题带来的效率损失，委托人可以设计一种机制或合同，能给代理人提供激励和动力，使其按有利于委托人的目标努力工作，即提供一个在委托人与代理人之间安排风险、收益和动力的制度。也就是说，把结果在委托人与代理人之间形成最优的分配，由双方共同承担经营风险，使代理人效用最大化的目标与委托人效用最大化的目标相一致，实现两者的激励相容。

(2)加强独立意识建设，提高审计独立性。

1)加强注册会计师的职业道德教育。职业道德是指从业人员在职业活动中应该遵循的行为准则。每一种职业的职业道德都是至关重要的。规范注册会计师执业行为，加强注册会计师职业道德教育，应从学校教育抓起，建立包括学校教育、岗前教育和后续教育的完整的教育体系。在学校教育方面，应把职业道德作为会计专业必修课程，真正重视会计、审计职业道德的教育。在岗前教育方面，可以在注册会计师资格考试制度中将职业道德内容融入到考试内容中进行考核；也可以建立注册会计师的职业道德教育和考核机制，对考核不合格者，坚决不予注册登记和聘用。在后续教育方面，职业道德应该成为注册会计师终身教育的内容。

2)加强会计师事务所的企业文化建设。我国频频曝光的注册会计师审计失败案,事实上正表明整个注册会计师行业需提高诚信水平。我国证券审计市场面临的“诚信危机”,一方面反映了审计师在面临诱惑时放松了对自己的道德约束,另一方面反映了相关监管制度的缺陷。因而要提升注册会计师行业整体诚信水平,不仅要加强职业道德教育,还要加强会计师事务所的企业文化建设。会计师事务所的企业文化应包括三项内容:社会责任、风险控制和客户理念。注册会计师最基本的义务是协调资本寻求者和资本提供者的利益冲突,并通过减少资本提供者和资本寻求者之间的信息不对称,保护资本提供者的利益。客户理念主张注册会计师应把自己看作是当事人(资本寻求者)的生意合作伙伴,强调以客户利益为导向,并认为吸引客户、为客户提供最大服务是会计师事务所的工作重心。这种企业文化过分强调资本寻求者和注册会计师自己的经济利益,忽视投资者和其他报表使用者的相关利益,因而它是和社会责任理念相对立的。

风险控制理念介于上述两种企业文化之间。它认为注册会计师是中立的,既不完全偏向于资本提供者,又独立于资本寻求者,它在注重注册会计师利益的同时,强调控制独立性风险。

会计师事务所的企业文化越接近于客户至上理念,独立性风险产生的可能性越大,反之,会计师事务所的企业文化越接近社会责任理念,这种企业文化就越有可能制约独立性风险的产生。因此,会计师事务所应着力培养社会责任理念企业文化,强调注册会计师对投资者和社会公众所承担的社会责任,通过各种途径培养员工树立高尚的职业道德观。

(二)技术性层面

1. 专业胜任能力

专业胜任能力是注册会计师的本质所在，也是影响审计质量的重要因素。作为注册会计师，应当具有专业知识、技能或经验，能够胜任承接的工作。“专业胜任能力”既要求注册会计师具有专业知识、技能和经验，又要求其经济、有效地完成客户的业务。注册会计师如果不能保持和提高专业胜任能力，就不能完成客户委托的业务。事实上，如果注册会计师缺乏足够的知识、技能和经验提供专业服务，就构成了一种欺诈。当然，注册会计师依法取得了执业证书，就表明在该领域具备了一定的知识，但能否保持专业胜任能力只有自己才清楚。这意味着，一个合格的注册会计师不仅要充分认识自己的能力，对自己充满信心，更重要的是，必须清醒认识到在专业胜任能力方面存在的不足，不承接自己不能胜任的业务。如果注册会计师不能认识到这一点，承接了难以胜任的业务，就可能给客户乃至社会公众带来危害。注册会计师作为专业人士，在许多方面都要履行相应的责任，保持和提高专业胜任能力就是其中之一。

2. 会计师事务所的实力

会计师事务所的实力对于审计质量的高低至关重要。一般来说，实力强的会计师事务所能够提供较高质量的审计服务。因为实力较强的会计师事务所拥有更多的人力、物力、时间投入到审计工作当中，它们可以分配的资源更加丰富。实力强的会计师事务所能够招揽到大量专业人才，包括会计、财务、金融、法律等各行业，充分发挥技术专长，扩充业务范围，从而吸引更多的客户，客户数量和质量的不断增加又会提出更高的审计要求，促进会计师事务所提高审计质量，满足客户的需要。在每年中注协发布的“会计师事务所综合评价前百家信息”中，把事务所规模中的业务收入和注册会计师数量作为评价标准，也从侧面证明了规模越大的会计师事务所，其审计质量也越高。

第二节　注册会计师审计质量的衡量标准

一、衡量标准一：法规制度

注册会计师审计质量的衡量标准之一的法规制度是指国家制定或认可的各种法律、法令、条例和制度的总称。任何国家的统治阶级要维护其认可的社会关系和经济秩序，都会运用其掌握的国家权力，以法规制度的形式将它们固定下来，并用强制性手段来保证这些法规制度的遵守与执行。

从审计这一具体的社会行为活动来分析，与审计有关的法规制度是国家运用了其掌握的权力，根据审计活动的一般规律，强制性地把审计的原则、权力、责任、程序和方法固定下来，让从事审计活动的人去执行和遵守的规范性文件，它虽然体现了国家对审计的倾向性意志，但不能远离审计活动的客观规律。审计活动要想展开，并取得成就，一方面要受到国家法规制度的保护，而这种保护需要以执行和遵守法规制度为条件。另一方面，必须符合审计活动的一般规律。法规制度作为这两方面的综合，为审计的生存和发展奠定了基础，也为审计生存和发展所依赖的审计质量提供了衡量标准。

再从衡量质量的基本要素来分析，衡量质量必须具有两项基本要素，一是对产品或行为活动要有需求目的，二是产生产品或行为活动之前要有书面或约定俗成的规范标准。因此，审计活动的过程及结果是否符合法规制度的要求，是衡量审计活动质量的一个主要的标准。

（一）法规制度体系对审计质量衡量的层次性

按照法律的渊源，各种法规制度形成的体系，主要有三个层次。

1. 宪法

宪法是国家全部立法的法律基础，是各种法规的渊源。在一些国家的宪法中，对审计工作都有明确的规定，在法规体系的最初渊源上为审计奠定了地位和权威，也为具体规范审计工作低一层次的其他法规提供了基本依据。可以这么说，宪法虽然没有像有关审计法规那样较为具体地为审计工作确定规范标准，但有关审计法规却必须依据宪法的基本原则来为审计工作确定规范标准。宪法是根本大法，位于一切法律之上，是一种最高层次的指导规范，不涉及具体行为及步骤。

2. 法律

具体的法律通常有比较明确的行为规范，以界定哪些行为是合法的，哪些行为是不合法的。例如，在我国，1985 年 1 月实施的《会计法》规定："经国务院财政部门批准组成会计师事务所，可以按照国家有关规定承办查账业务。"1986 年 7 月 3 日，国务院颁布《中华人民共和国注册会计师条例》，同年 10 月 1 日起实施。

1993年10月31日，通过了《中华人民共和国注册会计师法》(简称《注册会计师法》)。这些法律对于审计人员的权利、责任、义务和审计行为的方法、程序都有明确的规定，从而为人们对审计工作的质量给出了明确的评价标准。

由于受托审计是收费审计，审计信息的使用者即消费者，当信息使用者遭受损失，律师在经济利益的驱动下，鼓励受到损失的信息消费者进行诉讼和索赔。1965年，美国法律协会颁布了权威性的侵犯原则纲要《民事侵权修正说明》，将确认责任的判例原则从“特定的、已知的第三者”推进到“可合理预期的第三者”。这就是说，对注册会计师的审计质量提出了更高的要求。法律既是对注册会计师的保护，也是评判注册会计师审计质量的一个重要标准。

1934年6月26日，美国政府根据议会的一项法案，设立证券交易委员会(SEC)，作为政府的一个独立规范机构，管理《证券法》《证券交易法》及其他几个法规的实施。SEC作为美国资本市场的管理部门，其职责是规范证券市场，协调社会公众和公司经理阶层及会计职业界之间的利益均衡，保护社会公众利益，满足其投资活动的基本需求，从而维持资本市场的正常运转。

综上所述，法律条文直接或间接对审计行为进行了规范，不管是直接还是间接，都可以成为衡量审计质量的依据。

3. 政府条例

政府条例作为各种法律的延伸，各种条例、制度和规定可以更加具体和有针对性地对一些行为活动作出规范的标准。所以，人们也容易以有关审计活动的条例、制度和规定去衡量审计活动的质量。

(二)法规制度是制定审计职业标准的基础

国家为了维护社会秩序和协调社会各方利益冲突,在针对各种行为活动制定出各种法规制度的同时,也要求从事某种行为活动的职业界,对自身领域内的行为活动作出一种规范的标准。其目的,一方面是让职业界对自身的行为活动进行自律,从职业的角度去承认自己对社会公众所承担的义务、从而使政府采取强制手段之前,让利益冲突得到缓和。另一方面,通过职业技术和道德标准,使国家制定或认可的法规制度在专业角度上得到进一步的完善和补充。

审计职业标准包括中国注册会计师执业准则和审计的专业技术标准。这些标准的产生,是审计职业界为了让每一个审计人员认识到,当他们为社会提供服务时,必须对审计的结果负责。中国注册会计师执业准则,是注册会计师在执行独立审计业务过程中应当遵循的行为准则,是衡量注册会计师审计工作质量的权威性标准。审计的各种职业标准,都必须依据国家的法规制度,结合审计工作的专业特点来加以制定。

从审计的权利和义务来看,审计工作的各种标准,同样要以法规制度作为基础来加以制定,因为法规制度规定了相应行为活动的法律责任。

因此,我们要系统地看待审计质量,不仅要以针对审计实务专业色彩较强的审计职业标准去衡量,还要从审计职业标准的基础,即法规制度去加以衡量。

二、衡量标准二:审计职业标准

审计信息使用者的质量要求,表现为对审计活动的他律性作用,要想使审计质量能满足审计使用者的需求,必须充分发挥审计人员的自律作用,即应将审计界外部的要求、标准转化为审计人员内在的目标和标准。建立各种审计职业标准的过程,就是审计界为控制审计质量而进行自律的具体表现。

(一)《审计准则》概述

审计准则是20世纪40年代开始出现的,美国在1947年就开始研究和制定审计准则;日本于1964年也制定了审计准则;国际会计师联合会下属的国际审计实务委员会,于1980年制定和颁布了《国际审计准则》;澳大利亚、加拿大、英国、德国等西方主要国家目前也都基本形成了各自的《审计准则》体系。

1. 国际审计准则

第二次世界大战以后,国际经济进入了一个新的发展阶段。国际间商品、资本、知识、劳动力、信息的交流,达到了前所未有的规模,各国在经济上相互依存、相互促进的关系日益明显。随着投资范围的扩大和企业经营的国际化,任何一个国家的会计和审计方法及其所提供的信息,都不再是仅受本国居民的关心。在这种情况下,会计、审计的国际化发展成为一种必然:一方面,国际投资者和关注跨国公司会计信息的各国用户要求国际间会计准则、审计准则趋于一致,以便使各国依据会计准则编制的会计报表和依据审计准则出具的审计报告具有实际的可比性、可理解性和较高的可靠性;另一方面,为了保护本国投资者的利益,注册会计师也开始跨国执业，国际性会计师事务所的崛起，使注册会计师审计不再以一国的疆界为限。

为了加强国际间的经济交流，创造良好的国际投资环境，国际会计准则委员会（IASB）和国际会计师联合会（IFAC）为制定国际会计准则、国际审计准则做出了积极的努力。国际会计师联合会是一个由不同国家和地区职业会计师组织组成的非营利性、非政府性和非政治性的机构，在瑞士日内瓦注册。总部设在美国纽约，它代表着受雇从事公共实务（Public Practice）和在工商业、公共部门和教育部门任职的会计师。国际会计师联合会的目标是努力发展会计师行业，促进其准则在全球范围内协调统一，使会计师能够站在公众利益的角度提供持续高质量的服务。国际会计师联合会的前身是一个国际性的协调机构，称为协调委员会。在 1972 年召开的第 10 届世界会计师大会上，与会的主要会计职业团体倡议成立了国际会计准则委员会（IASC）和国际会计师联合会。随后，国际会计准则委员会于 1973 年在英国正式成立（2001 年改组为国际会计准则理事会）；国际会计师联合会于 1977 年在德国慕尼黑召开的第 11 届世界会计师大会上宣告成立。国际会计师联合会吸收国家或地区认可的全国性或地区性会计职业组织成为会员，会计师个人不能加入该组织。目前，国际会计师联合会有三种会员，即正式会员（Full）、准会员（Associate）和联系会员（Affiliates）。中国注册会计师协会于 1977 年 5 月 8 号加入国际会计师联合会，并同时成为国际会计准则委员会成员。

国际会计师联合会下设会员大会、理事会、秘书处以及 7 个专业委员会和若干特别工作组，并设主席、副主席、秘书长等职。会员大会是国际会计师联合会的最高权力机构，每个会员团体可选派一名代表参加。会员大会每年召开一次会议，负责决定一些重大问题以及选举理事会。理事会由主席和来自16个国家的代表组成，任期3年，负责制定政策和监督国际会计师联合会的运作、计划的执行以及各专业委员会和特别工作组的工作。秘书处负责总体的指导和管理工作，职员是来自世界各地的会计专业人员。7个专业委员会分别是①国际审计与鉴证准则理事会(IMSB)，2002年3月进行了改组并更改为现名，它的主要任务是发布审计与鉴证业务方面的文告并提高其在全球范围内的接受程度，以促进世界范围内审计服务和相关服务的统一。②遵循委员会(Compliance Committee)的主要目标是鼓励各会员团体更好地遵循会员的义务。它与各会员团体、外部专业团体密切合作，鼓励更好地遵循国际会计师联合会和国际会计准则理事会发布的准则、道德守则和其他文告。③教育委员会(Education Committee)负责制定指南，开展研究工作和促进信息交换，以确保会计师能够得到充分的培训，满足他们对社会公众和雇主的责任，促进全球会计师行业的协调统一。另一个重要的职能则是协助发展中国家发展会计教育。④道德委员会(Ethics Committee)负责制定职业道德方面的指南，并使各会员团体能够理解和接受这些指南。⑤财务与管理会计委员会(Financial and Management Accounting Committee)负责制定指南、赞助研究计划和促进国际交流，以发展和支持财务与管理会计行业，在全球范围内帮助公众建立对这些专业人士所提供服务的认知、理解和需求。⑥公共部门委员会(Public Sector Committee)充分关注各个国家、地区、地方政府和有关政府机构对会计、审计和财务报告的要求，通过发布指南、开展教育和研究计划，促进会计师与公共部门或其他使用人之间的信息交流，以满足他们的需要。⑦跨国审计委员会(Transnational Auditors Committee)是事务所论坛(The Forum of Firms)的执行委员会。事务所论坛面向所有实施或打算实施跨国审计业务的事务所，事务所论坛的会员应当遵守质量准则，并接受全球范围内的同业复核以评估是否遵循了这些准则。跨国审计委员会及其下属分委员会负责监督全球范围内的同业复核过程，并对各国自行制定的指导跨国审计业务指南的制定程序进行监督。

国际审计与鉴证准则理事会代表国际会计师联合会制定和发布国际审计与鉴证准则。该委员会的成员由国际会计师联合会理事会推选的国家中的会员团体提名，任期为 3 年。

在国际审计准则发布之前，已有许多国家制定了本国的审计准则，或以法规、公告形式发布了有关的审计条例。这些准则和条例在内容、形式上有很多不一致的地方，国际审计与鉴证准则理事会在了解、分析、研究了这些分歧的基础上制定国际审计准则，因此，国际审计准则具有一定的概括性和代表性。

国际审计准则(International Standard on Auditing，ISA)是在 1991 年 7 月 10 日由过去的国际审计指南(International Auditing Guidelines，IAG)易名得来的。

国际审计准则适用于会计报表审计，国际审计准则经过必要修改也适用于对其他信息的审计和相关服务。国际审计准则包括基本原则和必要程序以及以解释性资料和其他资料的形式表述的相关指南。《国际审计准则第 120 号——国际审计准则框架》包括引言、财务报告框架、审计和相关服务框架、保证程度、审计、相关服务、审计师与财务信息的关联等内容，旨在阐明与审计师可能提供服务相关的国际审计准则框架。国际审计准则与中国注册会计师准则的比较，见表 4-1。

表 4-1　中国注册会计师审计准则与国际审计准则的比较

（截至 2016 年 12 月）

基本准则	国际审计准则（ISA）	中国注册会计师审计准则（CSA）
	国际鉴证业务准则框架	中国注册会计师鉴证业务基本准则
一般原则和责任	ISA200 独立审计师的总体目标和按照国际审计准则执行审计； ISA210 就审计业务约定条款达成一致意见； ISA220 财务报表审计的质量控制； ISA230 审计书面记录； ISA240 审计师在财务报表审计中与舞弊相关的责任； ISA250 财务报表审计中对法律和法规的考虑； ISA260 与治理层的沟通； ISA165 与治理层和管理层沟通内部控制缺陷	CSA11101——注册会计师的总体目标和审计工作的基本要求； CSA1111——就审计业务约定条款达成一致意见； CSA1121——对财务报表审计实施的质量控制； CSA1131——审计工作底稿； CSA1141——财务报表审计中与舞弊相关的责任； CSA1142——财务报表审计中对法律法规的考虑； CSA1151——与治理层的沟通； CSA1152——向治理层和管理层通报内部控制缺陷； * CSA1153——前任注册会计师和后任注册会计师的沟通

续表

基本准则	国际审计准则(ISA)	中国注册会计师审计准则(CSA)
	国际鉴证业务准则框架	中国注册会计师鉴证业务基本准则
风险评估及其审计程序	ISA300 计划财务报表审计； ISA315 通过了解被审计单位及其环境识别和评估重大错报风险； ISA320 计划和执行审计时的重要性； ISA330 审计师针对评估的风险采取的应对措施； ISA402 与被审计单位利用服务机构相关的审计考虑； ISA450 评价审计过程中识别出的重大错报	CSA1201——计划审计工作； CSA1211——通过了解被审计单位及其环境识别和评估重大错报风险； CSA1221——计划和执行审计时的重要性； CSA1231——针对评估的重大错报风险采取的应对措施； CSA1241——对被审计单位使用服务机构的考虑； CSA1251——被评价审计过程中识别出的错报

续表

基本准则	国际审计准则(ISA)	中国注册会计师审计准则(CSA)
	国际鉴证业务准则框架	中国注册会计师鉴证业务基本准则
审计证据	ISA500 审计证据; ISA501 审计证据——对已选项目的特殊考虑; ISA505 外部函证; ISA510 首次审计业务——期初余额; ISA520 分析程序; ISA530 审计抽样; ISA540 审计会计估计(包括公允价值会计估计)和相关披露; ISA550 关联方; ISA560 期后事项; ISA570 持续经营; ISA580 管理层声明	CSA1301——审计证据; CSA1311——对存货、诉讼和索赔、分部信息等特定项目获取审计证据的具体考虑; CSA1312——函证; CSA1331——首次审计业务涉及的期初余额; CSA1313——分析程序; CSA1314——审计抽样; CSA1321——审计会计估计(包括公允价值会计估计)和相关披露; CSA1323——关联方; CSA1332——期后事项; CSA1324——持续经营; CSA1341——书面声明
利用他人的工作	ISA600 特殊考虑——集团财务报表审计; ISA610 利用内部审计师的工作; ISA620 利用审计师的专家的工作	CSA1401——对集团财务报表审计的特殊考虑; CSA1411——利用内部审计人员的工作; CSA1421——利用专家的工作

续表

基本准则	国际审计准则(ISA)	中国注册会计师审计准则(CSA)
	国际鉴证业务准则框架	中国注册会计师鉴证业务基本准则
审计结论及其报告	ISA700 对财务报表形成意见和出具报告； ISA705 在独立审计师报告中对意见的修正； ISA606 独立审计师报告中的强调事项段和其他事项段； ISA710 比较信息——对应数据和比较财务报表； ISA720 审计师对含有已审计财务报表的文件中的其他信息的责任	CSA1501——对财务报表形成审计意见和出具审计报告； CSA1502——在审计报告中发表非无保留意见； CSA1503——在审计报告中增加强调事项段和其他事项段； CSA1504——在审计报告中沟通关键审计事项； CSA1511——比较信息：对应数据和比较财务报表； CSA1521——注册会计师对其他信息的责任

续表

基本准则	国际审计准则(ISA)	中国注册会计师审计准则(CSA)
	国际鉴证业务准则框架	中国注册会计师鉴证业务基本准则
特殊业务领域(审计实务报告)	ISA800 特殊考虑——按照特殊目的框架编制的财务报表的审计; ISA805 特殊考虑——单一财务报表和财务报表的特定要素、账户或项目的审计; ISA810 对简要财务报表出具报告的业务	CSA1601——对按照特殊目的的编制基础编制的财务报表审计的特殊考虑; * CSA1602——验资; CSA1603——对单一财务报表和财务报表特定要素审计的特殊考虑; CSA1604——对简要财务报表出具报告的业务; CSA1611——商业银行财务报表审计; CSA1612——银行间函证程序; CSA1613——与银行监管机构的关系; CSA1631——财务报表审计中对环境事项的考虑; CSA1632——衍生金融工具的审计; CSA1633——电子商务对财务报表审计的影响

注:带 * 的,为我国特有的审计准则。我们对国际审计准则的标题采用了直译方式,

因此，我国审计准则的标题可能与国际审计准则标题略有差异，但其内容实质上是趋同的。此外，IAASB 在 2013 年删除了与 CSA1611；CSA1612；CSA1613；CSA1631；CSAl632；CSA1633 相对应的国际审计实务公告，而我国尚未修订。

2. 美国审计准则

美国注册会计师协会（AICPA）制定的《公认审计准则》（Generally Accepted Auditing Standards，GAAS）是世界上影响最大、应用最广泛的审计准则。狭义的公认审计准则就是指《公认审计准则》十条，广义的公认审计准则还包括《审计准则公告》（Statements on Auming Standards，SAS）。《公认审计准则》由审计程序委员会于 1947 年制定，当时只有 9 条。1954 年修订增加了第 10 条，1988 年又修订了第 5 条和第 8 条。其主要内容如下。

（1）一般准则。

1）充分的训练和胜任能力——审计师必须具有充分的技术培训并精通业务，以便执行审计。

2）精神状态的独立性——对所有与审计相关的事项，审计师必须保持精神状态上的独立性。

3）应有的职业谨慎——在执行审计工作和编写报告时，审计师必须运用应有的职业谨慎。

（2）外勤工作准则。

1）适当的计划和督导——审计师必须充分计划审计工作，并适当督导助理人员。

2）充分了解被审计单位及其环境，包括内部控制——审计师必须对被审计单位及其环境充分了解，包括内部控制，以便评估财务报表因错误或舞弊导致的重大错报风险，并设计进一步审计程序的性质、时间安排及范围。

3)充分、适当的审计证据——审计师必须实施审计程序获取充分、适当的审计证据，以便对被审计的财务报表发表意见提供合理基础。

(3)报告准则。

1)财务报表是否按照公认会计原则(GAAP)编制——审计师必须在审计报告中说明财务报表是否按照公认会计原则的规定编制。

2)公认会计原则未被一贯遵循的情况——审计师必须在审计报告中指出公认会计原则在本期和上期未被一贯遵循的各种情况。

3)信息披露的充分性——当审计师确定信息披露不是合理充分的时，审计师就必须在审计报告中作出充分陈述。

4)对财务报表意见的表述——审计师必须在审计报告中就财务报表整体发表意见，或者声明不能发表意见。当审计师不能发表整体意见时，审计师就应当在审计报告中陈述理由。在任何情况下，审计师的姓名一旦与财务报表相关联，审计师就应当在审计报告中清楚地说明其工作的特性(如果已实施工作)及其所负责任的程度。

3.《中国注册会计师审计准则》

根据《中华人民共和国注册会计师法》第三十五条的规定，注册会计师执业准则由中国注册会计师协会负责拟定，报财政部批准后施行。中国注册会计师协会成立《中国注册会计师审计准则》

组，负责《中国注册会计师审计准则》的起草工作。《中国注册会计师审计准则》组成员由注册会计师协会、会计师事务所、科研院校等方面的专家组成。

《中国注册会计师审计准则》是用来规范注册会计师执行审计业务、获取审计证据、形成审计结论、出具审计报告的专业标准，只要注册会计师执行审计业务是以发表审计意见为目的，均应遵照执行，注册会计师执行其他相关业务可以参照执行。

《中国注册会计师审计准则》由以下三个层次组成。

第一，审计基本准则。审计基本准则是《中国注册会计师审计准则》的总纲，是对注册会计师的资格条件、执业行为的基本规范，是制定独立审计具体准则、实务公告和执业规范指南的基本依据。

第二，审计具体准则。独立审计具体准则是依据独立审计基本准则制定的，是对注册会计师执行各项独立审计业务、出具审计报告的具体规范。

第三，执业规范指南。执业规范指南是依据第一、二层次准则制定的，是对独立审计基本准则、具体准则和实务公告的解释和补充说明，为注册会计师执行各项审计业务提供可操作的指导性意见（见图 4-1）。

从权威性讲，第一、二层次的准则属于法定要求，只要注册会计师执行审计业务，对外出具审计报告，就必须遵照执行，第三层次的准则则不具有强制性。

（二）质量控制准则

质量控制是每个会计师事务所必须做好的一项重要工作。国际会计师联合会和美国注册会计师协会都专门制定了相应的准则,我国也制定了《中国注册会计师质量控制基本准则》。

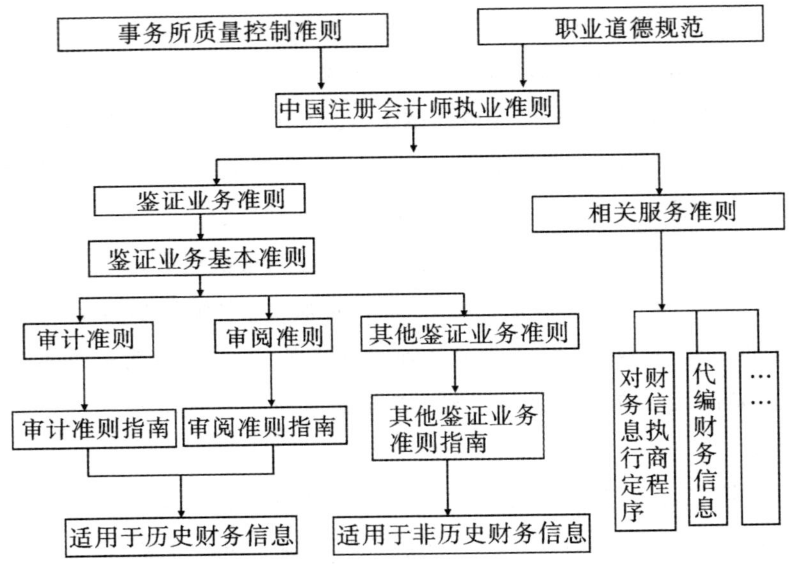

图 4-1　中国注册会计师执业准则体系图

1. 质量控制的含义和作用

审计准则规定了审计工作应达到的质量水平,要想审计工作真正达到规定的质量水平,就必须实行质量控制。因此,不少国家和地区在施行审计准则的同时,还制定了质量控制准则。所谓质量控制,是指会计师事务所为了确保审计质量符合《中国注册会计师审计准则》的要求而建立和实施的控制政策和程序的总称。该定义具有以下几方面的含义:一是该含义指出了审计质量合格与否的衡量标准是《中国注册会计师审计准则》。二是指出了质量控制系由控制政策和程序构成。一般来说，人们称会计师事务所按照质量控制准则要求建立和运用的质量控制政策和程序为该所的“质量控制制度”。

质量控制有以下三方面的作用。

(1)质量控制是保证《中国注册会计师审计准则》得到遵守和落实的重要手段。没有质量控制，《中国注册会计师审计准则》的运用只能流于形式，无法达到预期的目的。

(2)质量控制是会计师事务所内部控制体系的重要组成部分，且在该体系中居于核心地位。会计师事务所面临激烈的同业竞争、广泛的社会监督和法律诉讼案件的威胁，因此，建立健全质量控制是完善内部控制体系的根本措施。

(3)质量控制是会计师事务所生存和发展的基本条件，是整个注册会计师职业赢得社会信任的重要措施。也就是说，质量控制的好坏不仅关系着会计师事务所的存亡，而且还直接关系到整个注册会计师职业的存亡。

2. 国际审计工作质量控制准则

国际审计实务委员会发布的《国际审计准则 220 号——审计工作质量控制》，专门对审计质量控制的内容和要求做了规定。该准则指出，质量控制准则包括会计师事务所质量控制和单项审计项目质量控制两部分。

3. 美国质量控制准则

1978 年，美国注册会计师协会专门成立了质量控制准则委员会(Quality Control Standards Committee，QCSC)，负责颁布会计师事务所质量控制的标准。该委员会于 1979 年 11 月发布《质量控制准则说明书第 1 号》,提出了质量控制必须考虑的九个要素(或称九项准则),以指导事务所建立合适的质量控制政策和程序。

这九项准则及其基本要求:①独立性——所有从业人员都应独立于被审计单位。②委派审计人员工作——审计人员要经过技术培训,具有完成工作所需要的能力。③咨询——审计人员在必要时,应向经验丰富、判断能力强的负责人请求帮助。④督导——指导和监督各层次的工作,以保证他们达到事务所质量控制的标准。⑤职工招聘——只有正直、工作能力强,且富有进取精神的人员,才能聘用。⑥专业发展——审计人员应具备完成所分配职责所要求的知识。⑦晋升——被提升的审计人员应具备履行新职责的资格条件。⑧被审计单位的接受和续约——会计师事务所不应同管理当局不正直、不诚实的被审计单位打交道。⑨检查——检查确定与上述要求有关的程序是否正在有效执行。

美国注册会计师协会发布的《审计准则说明书第 25 号》,要求会计师事务所根据上述准则,建立自己的质量控制制度。《审计准则说明书第 25 号》还承认,质量控制只能在一定程度上(而不能绝对地)保证事务所遵守《公认审计准则》。

将上述质量控制准则进行比较可以看出,尽管各自标准的项数不同,但其实质内容和基本要求是完全一致的。他们都强调了关于人员质量、对工作的指导和监督,以及检查复核等方面的质量控制标准的重要性。

4. 中国注册会计师质量控制基本准则

目前,我国注册会计师执业质量控制准则包括《质量控制准则第 5101 号——事务所对执行财务报表审计和审阅、其他鉴证和相关服务业务实施的质量控制》和《CSA1121——对财务报表审计实施的质量控制》。前者共 5 章 73 条，适用于事务所执行的主要业务，包括财务报表审计和审阅、其他鉴证业务和相关服务业务，为事务所制定质量控制政策和程序应当考虑的要素建立了规范、提供了指南。这些要素包括对业务质量承担的领导责任、相关职业道德要求、客户关系和具体业务的接受与保持、人力资源、业务执行、监控等。后者是根据前者制定的，适用于注册会计师执行财务报表审计业务，其主要内容如下。

(1)审计质量控制的目标。在业务层面实施质量控制程序，是为了合理保证注册会计师：①在审计工作中遵守执业准则和适用的法律法规的规定；②出具适合具体情况的审计报告。

(2)对审计质量承担的领导责任。通常，项目合伙人应当对审计质量承担领导责任，即应当对事务所分派的审计业务的总体质量负责。项目合伙人应当通过行动示范和向项目组其他成员传达信息，来强调质量至上的事实和下列事项对审计质量的重要性：①按照审计准则和适用的法律法规的规定执行审计工作；②遵守适用的事务所质量控制政策和程序；③出具适合具体情况的审计报告；④项目组能够提出自己的疑虑而不怕遭到报复。

项目合伙人是指事务所中负责某项审计业务及其执行，并代表事务所在出具的审计报告上签字的合伙人。如果项目合伙人以外的其他注册会计师在审计报告上签字，则该签字注册会计师就应当对审计质量承担领导责任。

(3)相关职业道德要求。在整个审计过程中，项目合伙人应当通过观察和必要的询问，对项目组成员违反相关职业道德要求的迹象保持警觉。如果通过事务所质量控制制度或其他途径注意到项目组成员违反相关职业道德要求,项目合伙人应当在与事务所相关人员讨论后,确定应当采取的适当措施。项目合伙人应当就适用于审计业务的独立性要求的遵守情况形成结论。项目合伙人应当:①从事务所或网络事务所获取相关信息,以识别、评价对独立性产生不利影响的情形;②评价识别出的有关违反事务所独立性政策和程序的信息,以确定其是否对审计业务的独立性产生不利影响;③采取适当的行动,运用防范措施以消除对独立性的不利影响或将其降至可接受的水平,或在必要时解除审计业务约定;④立即向事务所报告未能解决的事项,以便采取适当的行动。

(4)客户关系和审计业务的接受与保持。项目合伙人在确定客户关系和审计业务的接受与保持是否适当时,应当考虑下列主要事项:①被审计单位的主要股东、关键管理人员和治理层是否诚信;②项目组是否具有执行审计业务的专业胜任能力以及必要的时间和资源;③事务所和项目组能否遵守职业道德要求;④在本期或以前审计中发现的重大事项,及其对保持客户关系的影响。

(5)项目组的工作委派。项目合伙人应当确信,项目组和项目组以外的专家整体上具有适当的专业胜任能力和必要素质,能够按照执业准则和适用的法律法规的规定执行审计业务,并出具适合具体情况的审计报告。项目组整体应当具备下列几个方面的素质和专业胜任能力:①通过适当的培训和参与类似审计业务,获取执行类似性质和复杂程度的审计业务的知识和实务经验;②掌握执业准则和适用的法律法规的规定;③具有技术专长,包括信息技术以及会计或审计专业领域的专长;④熟悉客户所处的行业;⑤具有职业判断能力;⑥了解事务所的质量控制政策和程序。

(6)业务执行。项目合伙人应当按照执业准则和适用的法律法规的规定指导、监督、执行和复核审计业务,出具适合具体情况的审计报告。

项目合伙人在指导审计业务时,应当告知项目组成员下列事项:①项目组成员各自的责任,以及各项目合伙人的责任;②拟执行工作的目标;③被审计单位的业务性质;④与风险相关的事项;⑤可能出现的问题;⑥执行审计业务的具体方案。

项目合伙人在对审计业务监督时,应当包括:①追踪审计业务的进程;②考虑项目组各成员的素质和专业胜任能力,包括是否有足够的时间执行审计工作,是否理解工作指令,是否按照计划的方案执行审计工作;③解决在审计过程中发现的重大问题,考虑其重要程度并适当修改原计划的方案;④识别在审计过程中需要咨询的事项,或需要由经验较丰富的项目组成员考虑的事项。

在复核已实施的审计工作时,复核人应当是项目组内经验较丰富的人员,并应当考虑:①审计工作是否已按照执业准则和适用的法律法规的规定执行;②重大事项是否已提请进一步考虑;③相关事项是否已进行适当咨询,由此形成的结论是否得到记录和执行;④是否需要修改已执行审计工作的性质、时间安排和范围;⑤已执行的审计工作是否支持形成的结论,并已得到适当记录;⑥获取的审计证据是否充分、适当;⑦审计程序的目标是否已实现。

项目合伙人应当进行复核:①在审计过程的适当阶段及时实施复核,以使重大事项在出具审计报告前能够及时得到满意解决。重点关注:对关键领域所作的判断,尤其是执行业务过程中识别出的疑难问题或争议事项，特别风险，项目负责人认为重要的其他领域。②在出具审计报告前，应当通过复核审计工作底稿和与项目组讨论，确信获取的审计证据已经充分、适当，足以支持形成的结论和拟出具的审计报告。

项目合伙人应当对咨询承担下列责任：①对项目组就疑难问题或争议事项进行适当咨询负责；②确信项目组成员在审计过程中已就相关事项进行了适当咨询，咨询可能在项目组内部进行，或者在项目组与事务所内部或外部的其他适当人员之间进行；③确信这些咨询的性质、范围以及形成的结论得到记录，并经被咨询者认可；④确定咨询形成的结论已得到执行。

项目质量控制复核是指在审计报告日或审计报告日之前，项目质量控制复核人员对项目组作出的重大判断和在编制审计报告时得出的结论进行客观评价的过程。项目质量控制复核过程适用于上市实体财务报表审计，以及事务所确定需要实施项目质量控制复核的其他审计业务。项目质量控制复核应当客观评价的事项包括：①项目组作出的重大判断；②在准备审计报告时得出的结论。在对上市公司财务报表审计实施项目质量控制复核时，复核人员应当考虑：①项目组就具体审计业务对事务所独立性作出的评价；②在审计过程中识别的特别风险以及采取的应对措施，包括项目组对舞弊风险的评估及采取的应对措施；③作出的判断，尤其是关于重要性和特别风险的判断；④是否已就存在的意见分歧、其他疑难问题或争议事项进行适当咨询，以及咨询得出的结论；⑤在审计中识别的已更正和尚未更正的错报的重要程度及处理情况；⑥拟与管理层、治理层以及其他方面沟通的事项；⑦所复核的审计工作底稿是否反映了针对重大判断执行的工作,是否支持得出的结论;⑧拟出具的审计报告的适当性。在对其他企业财务报表审计实施项目质量控制复核时,可根据情况考虑部分或全部事项。

如果项目组内部、项目组与被咨询者之间、项目合伙人与项目质量控制复核人员之间出现意见分歧,项目组应当遵守事务所处理及解决意见分歧的政策和程序。

(7)监控。监控是指对事务所质量控制制度进行持续考虑和评价的过程,包括定期选取已完成的业务进行检查,以使事务所能够合理保证其质量控制制度正在有效运行。项目合伙人可以根据事务所传递的最新信息,从下列几方面考虑监控过程的结果:①在该信息中指出的缺陷是否会影响审计业务;②关注事务所已经采取的、足以应对该缺陷的补救措施。

(8)审计工作底稿。就审计质量控制而言,注册会计师应当就下列事项形成审计工作底稿:①识别出的与遵守相关职业道德要求有关的问题,以及这些问题是如何得到解决的;②针对遵守适用于审计业务的独立性要求得出的结论,以及为支持该结论与事务所进行的讨论;③得出的有关客户关系和审计业务的接受与保持的结论;④在审计过程中咨询的性质、范围和形成的结论。

针对已复核的审计业务,项目质量控制复核人员应当就下列事项形成审计工作底稿:①事务所项目质量控制复核政策要求的程序已得到实施;②项目质量控制复核在审计报告日或审计报告日之前已完成;③项目质量控制复核人员没有注意到任何尚未解决的事项,使其认为项目组作出的重大判断和得出的结论不适当。

(三)注册会计师的职业道德准则

职业道德是指某一职业组织以公约、守则等形式公布的,其会员自愿接受的职业行为标准。注册会计师的职业道德,是指注册会计师职业品德、职业纪律、专业胜任能力及职业责任等的总称。凡是注册会计师已形成一种专门职业的国家,都制定有本国的注册会计师职业道德规范。

1.美国注册会计师协会职业道德规范

由于美国注册会计师协会制定的职业道德规范内容最为全面,因而成为其他国家许多会计职业组织在制定职业道德规范时借鉴的典范。下面主要介绍美国注册会计师协会职业道德守则。

美国注册会计师协会专门设立了职业道德部,负责职业道德规范制定和发布。美国注册会计师的职业道德规范既有理想行为,又有具体规则,由职业道德原则、行为规则、行为规则解释和道德裁决四部分组成。

(1)职业道德原则。职业道德原则是对注册会计师应当具备的品质做出的一般性规定,包括责任、公众利益、正直、客观和独立、应有的谨慎、服务的范围和性质。职业道德原则表明了注册会计师承担的责任,也反映了职业道德的基本信条。这些原则要求,即使牺牲个人利益也要履行职业责任,坚持正确的行为。具体要求如下。

1)责任——在履行作为专业人员的责任时,会员应当在所有活动中保持敏锐的职业和道德判断。

2)公众利益——会员有义务按如下方式行事,即为公众利益服务,获取公众信任,履行对职业界的承诺。

3)正直——为了保持和增强公众的信心,会员应当以最强烈的正直感履行所有的职业责任。

4)客观和独立——会员在履行职业责任时,应当保持客观和避免利益的冲突。执行公共业务的会员在提供审计和其他鉴证服务时,应当保持实质上和形式上的独立。

会员应当遵守职业技术准则和道德准则,努力不断地提高胜任能力和服务质量,尽最大努力履行职业责任。

5)服务的范围和性质——执行公共业务的会员在确定所提供的服务的范围和性质时,应当遵守《职业道德规范》的原则。

(2)行为规则。美国注册会计师协会的章程要求,会员应当遵守《职业道德守则》中的规则,并对偏离规则的行为作出合理的解释。如果说职业道德原则是注册会计师的理想行为,则行为规则就是注册会计师行为的最低标准,具有强制性。

(3)行为规则解释。美国注册会计师协会职业道德部成立了一个主要由执行公共业务的执业人员组成的委员会,由委员会对行为规则作出解释。虽然解释不具有强制性,但会员要在纪律检查听证会上证明背离解释的正当理由。

(4)道德裁决。道德裁决是美国注册会计师协会职业道德部执行委员会根据一些具体的实际情况作出的解释,也是行为规则及其解释在具体情况和案件中的应用。同行为规则解释一样,也不具有强制性,但要求会员说明任何背离的理由。

2. 国际会计师联合会职业道德规范

国际会计师联合会为了协调国际间职业道德规范,制定和颁布了《职业会计师道德守则》。该守则包括以下三部分。

第一,适用于所有职业会计师,除非有特别说明。职业会计师是指国际会计师联合会的成员组织的会员,不论其是在执行公共业务(包括个人执业者、合伙所或公司),还是在工业部门、商业部门、政府部门或教育部门工作。第二,仅适用于执行公共业务的会计师。执行公共业务的职业会计师是指向客户提供各种专业服务(如审计、税务或咨询)的合伙人、相似职位的人或事务所的雇员,以及在执业过程中负有管理职责的职业会计师。第三,适用于受雇职业会计师,适当时也可适用于执行公共业务的职业会计师。受雇职业会计师是指受雇于工业部门、商业部门、政府部门或教育部门的职业会计师。适用于执行公共业务的职业会计师的部分内容:

(1)鉴证业务的独立性。鉴证业务旨在通过评价鉴证对象是否在所有重大方面遵循了适当标准,以提高该对象有关信息的可靠性。鉴证业务独立性要求:第一,实质上的独立性。这种内心状态能使意见不受有损于职业判断因素的任何影响,使人能公正行事,保持客观和职业谨慎。第二,形式上的独立性。避免出现重大的事实和情况,致使拥有充分相关信息(包括所有的防范措施)的理性第三方合理推定事务所或鉴证小组成员的公正性、客观性或职业谨慎是否受到损害。

(2)专业胜任能力以及与利用非会计师有关的责任。执行公共业务的职业会计师不应提供本不胜任的专业服务,除非获得适当的建议和帮助使其能够满意地提供这些服务。如果职业会计师没有能力实施专业服务的某些特定部分,可以向其他职业会计师、律师、精算师、工程师、地质专家、评估师等专家寻求技术建议。在这种情况下,虽然职业会计师是依赖专家的技术能力,但不能自动假定其了解道德要求。既然职业会计师对专业服务负有最终责任,就应当确保道德行为的要求得到遵守。

(3)收费和佣金。专业收费应是为客户提供的专业服务的价值的公允反映。专业收费应考虑以下几个方面:①各类专业服务所需的技能和知识;②实施专业服务所需人员的培训水平和经验;③实施专业服务每一人员所需的时间;④实施专业服务所承担的责任程度。

执行公共业务的职业会计师通过低于其他职业会计师的收费标准报价保留客户并非不适当。相应地,在为客户提供的专业服务确定费用报价时,职业会计师应确保费用报价能够保证:第一,在提供服务时,工作质量不会受到损害,并且能保持应有的谨慎。遵守所有的职业准则和质量控制程序;第二,在该费用报价所涵盖服务的准确范围及未来收费的基础等方面,客户不会受到误导。

(4)与公共会计师业务不相容的活动。执行公共业务的职业会计师不得同时从事与提供专业服务不相容的业务、职业或活动,因为这些业务、职业或活动将损害或可能损害其公正性、客观性、独立性或职业良好声誉。

同时提供两种或两种以上专业服务,其本身并不损害公正性、客观性或独立性。如果执行公共业务的职业会计师同时从事的与专业服务不相关的其他业务、职业或活动,使得执行公共业务的职业会计师无法按照会计职业的基本道德原则适当地实施专业服务,那么该业务、职业或活动应被认为与公共会计业务相冲突。

(5)客户的资金。一些国家的法律不允许执行公共业务的职业会计师持有客户资金,而在另外一些国家,持有客户资金的执行公共业务的职业会计师应承担相应的法定义务。

执行公共业务的职业会计师受托持有他人资金时，应将这些资金与个人或事务所的资金分别保管；按照既定的目的使用这些资金；随时准备向有权了解的人员说明这些资金的情况。

(6)广告与招揽。是否允许执行公共业务的职业会计师个人进行广告与招揽，由成员组织根据各国法律、社会和经济条件决定。

3. 中国注册会计师职业道德准则

我国目前的注册会计师职业道德规范体系是中注协于2009年10月发布的第1号至第5号《职业道德守则》，具体包括《职业道德基本原则》《职业道德概念框架》《提供专业服务的具体要求》《审计和审阅业务对独立性的要求》和《其他鉴证业务对独立性的要求》，自2010年7月1日起施行。《职业道德守则》涵盖了注册会计师业务承接、收费报价、专业服务工作的开展等所有环节可能遇到的与保持职业道德相关的情形，分别提出了明确的要求，全面规范了注册会计师的职业道德行为，并为注册会计师解决职业道德遇到的问题提供方法指导。此外，《职业道德守则》涵盖了国际会计师职业道德守则对注册会计师的所有要求和内容，实现了在职业道德准则方面的国际趋同。

(1)我国注册会计师职业道德基本原则。为履行相应的社会责任，维护公众利益，注册会计师应当遵守的职业道德基本原则有六个：诚信、独立性、客观和公正、专业胜任能力和应有的关注、保密、良好职业行为。

1)诚信。注册会计师应当在所有的执业活动中，保持正直，诚实守信。注册会计师如果认为业务报告、申报资料或其他信息存在下列问题，则不得与这些有问题的信息发生牵连：①含有严重虚假或误导性的陈述；②含有缺少充分依据的陈述或信息；③存在遗漏或含糊其辞的信息。注册会计师如果注意到已与有问题的信息发生牵连，应当采取措施消除牵连。

2)独立性。注册会计师执行审计和审阅业务以及其他鉴证业务时，应当从实质和形式上保持独立性，不得因任何利害关系影响其客观性。事务所在承办审计和审阅业务以及其他鉴证业务时，应当从整体层面和具体业务层面采取措施，以保持事务所和项目组的独立性。

3)客观和公正。注册会计师应当公正处事、实事求是，不得由于偏见、利益冲突或他人的不当影响而损害自己的职业判断。如果存在导致职业判断出现偏差，或对职业判断产生不当影响的情形，注册会计师不得提供相关专业服务。

4)专业胜任能力争应有的关系。注册会计师应当通过教育、培训和执业实践获取和保持专业胜任能力。注册会计师应当持续了解并掌握当前法律、技术和实务的发展变化，将专业知识和技能始终保持在应有的水平，确保为客户提供具有专业水准的服务。在应用专业知识和技能时，注册会计师应当合理运用职业判断。注册会计师应当保持应有的关注，遵守执业准则和职业道德规范的要求，勤勉尽责，认真、全面、及时地完成工作任务。注册会计师应当采取适当措施，确保在其领导下工作的人员得到适当的培训和督导。注册会计师在必要时应当使客户以及业务报告的其他使用者了解专业服务的固有局限性。

5)保密。注册会计师应当对职业活动中获知的涉密信息保密,不得有下列行为:①未经客户授权或法律法规允许,向事务所以外的第三方披露其所获知的涉密信息;②利用所获知的涉密信息为自己或第三方谋取利益。

在下列情形下,注册会计师可以披露涉密信息:①法律法规允许披露,并取得客户的授权;②根据法律法规的要求,为法律诉讼、仲裁准备文件或提供证据,以及向监管机构报告所发现的违法行为;③法律法规允许的情况下,在法律诉讼、仲裁中维护自己的合法权益;④接受注协或监管机构的执业质量检查,答复其询问和调查;⑤法律法规、执业准则和职业道德规范规定的其他情形。

6)良好职业行为。注册会计师应当遵守相关法律法规,避免发生任何损害职业声誉的行为。注册会计师在向公众传递信息以及推介自己和工作时,应当客观、真实、得体,不得损害职业形象。

注册会计师应当诚实、实事求是,不得有下列行为:①夸大宣传提供的服务、拥有的资质或获得的经验;②贬低或无根据地比较其他注册会计师的工作。

(2)我国注册会计师职业道德概念框架。

1)职业道德概念框架的内涵。职业道德概念框架是指解决职业道德问题的思路和方法,用以指导注册会计师识别对职业道德基本原则的不利影响,评价不利影响的严重程度,必要时采取防范措施消除不利影响或将其降低至可接受的水平。

2)对遵循职业道德基本原则产生不利影响的因素。注册会计师对职业道德基本原则的遵循可能受到多种因素的不利影响,包括自身利益、自我评价、过度推介、密切关系和外在压力。其主要内容见表4-2。

表4-2　对遵循职业道德基本原则产生不利影响的因素及主要内容

不利因素	具体内容
自身利益	1.鉴证业务项目组成员在鉴证客户中拥有直接经济利益； 2.事务所的收入过分依赖某一客户； 3.鉴证业务项目组成员与鉴证客户存在重要且密切的商业关系； 4.事务所担心可能失去某一重要客户； 5.鉴证业务项目组成员正在与鉴证客户协商受雇于该客户； 6.事务所与客户就鉴证业务达成或有收费的协议； 7.注册会计师在评价所在事务所以往提供的专业服务时，发现了重大错误
自我评价	1.事务所在对客户提供财务系统的设计或操作服务后，又对系统的运行有效性出具鉴证报告； 2.事务所为客户编制原始数据，这些数据构成鉴证业务的对象； 3.鉴证业务项目组成员担任或最近曾经担任客户的董事或高级管理人员； 4.鉴证业务项目组成员目前或最近曾受雇于客户，并且所处职位能够对鉴证对象施加重大影响； 5.事务所为鉴证客户提供直接影响鉴证对象信息的其他服务

续表

不利因素	具体内容
过度推介	1.事务所推介审计客户的股份； 2.在审计客户与第三方发生诉讼或纠纷时，注册会计师担任该客户的辩护人
密切关系	1.项目组成员的近亲属担任客户的董事或高级管理人员； 2.项目组成员的近亲属是客户的员工，其所处职位能够对业务对象施加重大影响； 3.客户的董事、高级管理人员或所处职位能够对业务对象施加重大影响的员工，最近曾担任事务所的项目合伙人； 4.注册会计师接受客户的礼品或款待； 5.事务所的合伙人或高级员工与鉴证客户存在长期业务关系
外在压力	1.事务所受到客户解除业务关系的威胁； 2.审计客户表示，如果事务所不同意对某项交易的会计处理，则不再委托其承办协议中的非鉴证业务； 3.客户威胁将起诉事务所； 4.事务所受到降低收费的影响而不恰当地缩小工作范围； 5.由于客户员工对所讨论的事项更具有专长，注册会计师面临服从其判断的压力； 6.事务所合伙人告知注册会计师，除非同意审计客户不恰当的会计处理，否则将影响升职

3)应对不利影响的防范措施。注册会计师应当运用判断，确定如何应对超出可接受水平的不利影响，包括：①采取防范措施消除不利影响或将其降低至可接受的水平；②终止业务约定；③不接

受业务委托。在运用判断时，应当从一个理性的且掌握充分信息的第三方视角来考虑。应对不利影响的防范措施包括两类：一类是法律法规和职业规范规定的防范措施；另一类是在具体工作中采取的防范措施。

a. 法律法规和职业规范规定的防范措施。法律法规和职业规范规定的防范措施主要包括：①取得注册会计师资格必需的教育、培训和经验要求；②持续的职业发展要求；③公司治理方面的规定；④执业准则和职业道德规范的要求；⑤监管机构或注协的监控和惩戒程序；⑥由依法授权的第三方对注册会计师编制的业务报告、申报资料或其他信息进行外部复核。

b. 在具体工作中采取的防范措施。在具体工作中采取的防范措施包括事务所层面的防范措施和具体业务层面的防范措施两方面。

(a)事务所层面的防范措施主要包括：①领导层强调遵循职业道德基本原则的重要性以及鉴证业务项目组成员应当维护公众利益。②制定有关政策和程序，实施项目质量控制，监督业务质量；识别对职业道德基本原则的不利影响，评价不利影响的严重程度，采取防范措施消除不利影响或将其降低至可接受的水平；保证遵循职业道德基本原则；识别事务所或项目组成员与客户之间的利益或关系；监控对某一客户收费的依赖程度。③向鉴证客户提供非鉴证服务时，指派鉴证业务项目组以外的其他合伙人和项目组，并确保鉴证业务项目组和非鉴证业务项目组分别向各自的业务主管报告工作。④制定有关政策和程序，防止项目组以外的人员对业务结果施加不当影响。⑤及时向所有合伙人和专业人员传达事务所的政策和程序及其变化情况，并就这些政策和程序进行适当的培训。⑥指定高级管理人员负责监督质量控制系统是否有效运行。⑦向合伙人和专业人员提供鉴证客户及其关联实体的名单，并要求合伙人和专业人员与之保持独立。⑧制定有关政策和程序，鼓励员工就遵循职业道德基本原则方面的问题与领导层沟通。⑨建立惩戒机制，保障相关政策和程序得到遵守。

(b)具体业务层面的防范措施主要包括：①对已执行的非鉴证业务，由未参与该业务的注册会计师进行复核，或在必要时提供建议；②对已执行的鉴证业务，由鉴证业务项目组以外的注册会计师进行复核，或在必要时提供建议；③向审计委员会、监管机构或注协咨询；④与客户治理层讨论有关的职业道德问题；⑤向客户治理层说明提供服务的性质和收费的范围；⑥由其他事务所执行或重新执行部分业务；⑦轮换鉴证业务项目组合伙人和高级员工。

4)道德冲突问题的解决。在遵循职业道德基本原则时，注册会计师应当解决遇到的道德冲突问题。在解决道德冲突问题时，应当考虑下列因素：①与道德冲突问题有关的事实；②涉及的道德问题；③道德冲突问题涉及的职业道德基本原则；④事务所制定的解决道德冲突问题的程序；⑤可供选择的措施。

在考虑上述因素并权衡可供选择措施的后果后，注册会计师应当确定适当的措施。如果道德冲突问题仍无法解决，应当考虑向事务所内部的适当人员咨询。如果与所在事务所或外部单位存在道德冲突，注册会计师应当确定是否与事务所领导层或外部单位治理层讨论，还可以考虑向注协或法律顾问咨询。如果所有可能采取的措施都无法解决道德冲突问题，注册会计师不得再与产生道德冲突问题的事项发生牵连。在这种情况下，注册会计师应当确定是否退出项目组或不再承担相关任务，或者向事务所提出辞职。

(3)注册会计师审计和审阅业务对独立性的要求。

1)独立性的概念框架。独立性是注册会计师职业的本质属性，如果注册会计师缺乏独立性就失去了存在的意义和价值。因此，注册会计师在提供审计和审阅业务时必须保持独立性。独立性包括实质上的独立性和形式上的独立性。实质上的独立性是一种内心状态，使得注册会计师在提出结论时不受损害职业判断的因素影响，诚信行事，遵循客观和公正原则，保持职业怀疑态度；形式上的独立性是一种外在表现，使得一个理性且掌握充分信息的第三方，在权衡所有相关事实和情况后，认为事务所或审计项目组成员没有损害诚信原则、客观和公正原则或职业怀疑态度。

独立性概念框架是指解决独立性问题的思路和方法，用以指导注册会计师识别对独立性的不利影响，评价不利影响的严重程度；必要时采取防范措施消除不利影响或将其降低至可接受的水平。在运用独立性概念框架时，注册会计师应当运用职业判断，并应当从性质和数量两个方面考虑不利影响的严重程度。

2)影响独立性的因素及其防范措施。

a.经济利益。注册会计师若在审计客户中拥有经济利益，可能因自身利益导致不利影响。不利影响存在与否及其严重程度取决于三个因素：①拥有经济利益人员的角色；②经济利益是直接还是间接的；③经济利益的重要性。

为防范经济利益对独立性产生的不利影响，可以根据不利影响的严重程度，采取以下措施中的一种或多种：①不将该客户的业务作为审计业务和其他鉴证业务；②将该成员调离审计项目组；③将存在密切私人关系的审计项目组成员调离审计项目组；④不允许该审计项目组成员参与有关审计业务的任何重大决策；⑤尽快处理全部或部分经济利益，以使剩余经济利益不再重大；⑥由审计项目组以外的注册会计师复核项目组成员已执行的工作。

b. 贷款和担保。事务所、审计项目组成员或其主要近亲属从银行或类似金融机构等审计客户取得贷款，或获得贷款担保，可能对独立性产生不利影响。

如果审计客户不按照正常的程序、条款和条件提供贷款或担保，将因自身利益产生非常严重的不利影响，导致没有防范措施能够将其降低至可接受的水平。因此，事务所、审计项目组成员或其主要近亲属不得接受此类贷款或担保。

如果事务所按照正常的贷款程序、条款和条件，从银行或类似金融机构等审计客户取得贷款，即使该贷款对审计客户或事务所影响重大，也可能通过采取防范措施将因自身利益产生的不利影响降低至可接受的水平。

c. 商业关系。事务所、审计项目组成员或其主要近亲属与审计客户或其高级管理人员之间，由于商务关系或共同的经济利益而存在密切的商业关系，可能因自身利益或外在压力产生严重的不利影响。这些商业关系主要包括：①在与客户或其控股股东、董事、高级管理人员共同开办的企业中拥有经济利益；②按照协议，将事务所的产品或服务与客户的产品或服务结合在一起，并以双方名义捆绑销售；③按照协议，事务所销售或推广客户的产品或服务，或者客户销售或推广事务所的产品或服务。

事务所不得介入此类商业关系。如果存在此类商业关系，应当予以终止。如果此类商业关系涉及审计项目组成员，事务所应当将该成员调离审计项目组。如果审计项目组成员的主要近亲属与审计客户或其高级管理人员存在此类商业关系，注册会计师应当评价不利影响的严重程度，并在必要时采取防范措施消除不利影响或将其降低至可接受的水平。

d.家庭和私人关系。如果审计项目组成员与审计客户的董事、高级管理人员，或所处职位能够对客户会计记录或被审计单位财务报表的编制施加重大影响的员工（以下简称特定员工）存在家庭和私人关系，可能因自身利益、密切关系或外在压力产生不利影响。

不利影响存在与否及其严重程度取决于多种因素，包括该成员在审计的角色、其家庭成员或相关人员在客户中的职位以及关系的密切程度等。

防范措施主要包括：①将该成员调离审计项目组；②如有必要，调整其在审计项目组的职责，使该成员不处理其近缘亲属职责范围内的事项。

e.与审计客户发生雇佣关系。如果审计客户的董事、高级管理人员或特定员工，曾经是审计项目组的成员或事务所的合伙人，可能因密切关系或外在压力产生不利影响。如果审计项目组前任成员或事务所前任合伙人加入审计客户，担任董事、高级管理人员或特定员工，也可能会损害独立性。

防范措施主要包括：①修改审计计划；②向审计项目组分派经

验更丰富的人员;③由审计项目组以外的注册会计师复核前任审计项目组成员已执行的工作。

f.临时借出员工。如果事务所向审计客户借出员工,可能因自我评价产生不利影响。事务所只能短期向客户借出员工,并且借出的员工不得为审计客户提供职业道德守则禁止提供的非鉴证服务,也不得承担审计客户的管理层职责。审计客户有责任对借调员工的活动进行指导和监督。

防范措施主要包括:①对借出员工的工作进行额外复核;②合理安排审计项目组成员的职责,使借出员工不对其在借调期间执行的工作进行审计;③不安排借出员工作为审计项目组成员。

g.审计项目组成员最近曾担任审计客户的董事、高级管理人员和特定员工。如果审计项目组成员最近曾担任审计客户的董事、高级管理人员或特定员工,可能因自身利益、自我评价或密切关系产生不利影响。例如,如果审计项目组成员在审计客户工作期间曾经编制会计记录,现又对据此形成的财务报表要素进行评价,则可能产生不利影响。

防范措施主要包括:①将该成员调离审计项目组;②不安排该成员处理这家审计客户的事项。

h.兼任审计客户的董事或高级管理人员。如果事务所的合伙人或员工兼任审计客户的董事或高级管理人员,将因自我评价和自身利益产生非常严重的不利影响,导致没有防范措施能够将其降低至可接受的水平。因此,事务所的合伙人或员工不得兼任审计客户的董事或高级管理人员。

如果事务所的合伙人或员工担任审计客户的公司秘书,将因自我评价和过度推介产生非常严重的不利影响，导致没有防范措施能够将其降低至可接受的水平。因此，事务所的合伙人或员工不得兼任审计客户的公司秘书。

i. 与审计客户长期存在业务关系。事务所长期委派同一名合伙人或高级员工执行某一客户的审计业务，将因密切关系和自身利益产生不利影响。不利影响的严重程度主要取决于下列因素：①该人员加入审计项目组的时间长短；②该人员在审计项目组中的角色；③事务所的组织结构；④审计业务的性质；⑤客户的管理团队是否发生变动；⑥客户的会计和报告问题的性质或复杂程度是否发生变化。

防范措施主要包括：①将该人员轮换出审计项目组；②由审计项目组以外的注册会计师复核该人员已执行的工作；③定期对该业务实施独立的质量复核。

j. 为审计客户提供非鉴证服务。向审计客户提供非鉴证服务，可能对独立性产生不利影响，包括因自我评价、自身利益和过度推介等产生的不利影响。在接受委托向审计客户提供非鉴证服务之前，事务所应当确定提供该服务是否将对独立性产生不利影响。如果没有防范措施能够将不利影响降低至可接受的水平，事务所不得向审计客户提供该非鉴证服务。

防范措施主要是不为审计客户提供非鉴证服务。

k. 收费。如果事务所从某一审计客户收取的全部费用占其收费总额的比重很大，则对该客户的依赖及对可能失去该客户的担心将因自身利益或外在压力产生不利影响。不利影响的严重程度主要取决于下列因素：①事务所的业务类型及收入结构；②事务所成立时间的长短;③该客户对事务所是否重要。

防范措施主要包括:①降低对该客户的依赖程度;②实施外部质量控制复核;③就关键的审计判断向第三方咨询。例如,向行业监管机构或其他事务所咨询。

l. 薪酬和业绩评价政策。如果某一审计项目组成员的薪酬或业绩评价与其向审计客户推荐的非鉴证服务挂钩,将因自身利益产生不利影响。不利影响的严重程度取决于下列因素:①推荐非鉴证服务的因素在该成员薪酬或业绩评价中的比重;②该成员在审计项目组中的角色;③推荐非鉴证服务的业绩是否影响该成员的晋升。

防范措施主要包括:①将该成员调离审计项目组;②由审计项目组以外的注册会计师复核该成员已执行的工作。

m. 礼品和款待。事务所或审计项目组成员接受审计客户的礼品或款待,可能因自身利益和密切关系产生不利影响。如果款待或礼品超出业务活动中的正常往来,事务所或审计项目组成员应当拒绝接受。

n. 诉讼或诉讼威胁。如果事务所或审计项目组成员与审计客户发生诉讼或很可能发生诉讼,将因自身利益和外在压力产生不利影响。事务所和客户管理层由于诉讼或诉讼威胁而处于对立地位,将影响管理层提供信息的意愿,从而因自身利益和外在压力产生不利影响。不利影响的严重程度主要取决于诉讼的重要性以及诉讼是否与前期审计业务相关。

防范措施主要包括:①如果诉讼涉及某一审计项目组成员,将该成员调离审计项目组;②由审计项目组以外的专业人员复核已执行的工作。综上所述,注册会计师职业道德准则是注册会计师在从业过程中应遵循的道德规范,它是从注册会计师的荣誉感、正直感、良心等社会意识形态角度去要求注册会计师履行自己职责的一种社会道德标准。可以说注册会计师职业道德准则为社会公众从比技术标准适用性更宽的道德标准上去衡量审计行为质量提供了依据。

学术界关于审计质量概念的定义,观点不一。审计质量有两大特征,独立性特征和技术特征。影响审计质量的因素很多,主要有独立性、专业胜任能力和职业道德等因素。独立性是注册会计师执行鉴证业务的灵魂,是影响审计质量的关键因素。

影响审计质量的重要因素就是审计目标,在不同历史阶段,审计目标不同,那么相应的对审计质量的要求也就不一样。

那么最终衡量审计质量的标准有哪些呢?主要有法律制度,审计职业标准以及社会期望。在这些因素中,社会期望是基础,审计职业标准是将这种期望用一种标准的语言反映出来,而法律制度就是实现这些期望的一种保障。

第五章　注册会计师审计质量评价指标体系

注册会计师的审计质量评价包含两方面的内容，一方面是单项审计业务的审计质量的评价，这是构成会计师事务审计质量的基础；另一方面是会计师事务所审计质量的评价，是会计师事务所审计质量的综合评价。在实务中大多以会计师事务所为主体进行审计质量评价，因此本章对会计师事务所的质量评价体系进行了探讨。

本书的第四章叙述了影响注册会计师审计质量的因素，主要包括了独立性和技术性两个方面，本章在第四章的基础上，对影响因素进行了细分，并进行了一定的量化，以期探索出适合于小型会计师事务所的评价模型。

第一节　注册会计师单项审计业务的质量评价指标体系

审计质量评价标准，是指与审计活动有关的各利益团体，从其各自利益角度评价审计质量的一种判定依据。注册会计师单项审计业务质量是指会计师事务所接受委托从事某特定审计项目的审计质量。

将注册会计师单项审计业务质量评价指标体系分为3个层次，第一，目标层（审计质量的理论标准）；第二，准则层（审计质量的现实标准）；第三，措施层（审计质量的具体标准），落实到具体的指标，从不同的方位来评价审计质量。

一、理论标准

衡量单项审计业务质量的理论标准是审计目标。根据我国《中国注册会计师审计准则》，独立审计的总目标是对被审计单位会计报表的合法性、公允性及会计处理方法的一贯性表示意见。这一规定恰当地强调了审计总目标是对会计报表表示意见。注册会计师收集证据的唯一目的，就在于使自己能够对会计报表的合法性、公允性和一贯性表示意见，并提出真实合法的审计报告。其中，合法性是指被审计单位会计报表的编报是否符合《企业会计准则》及国家其他财务会计法规的规定；公允性是指被审计单位会计报表在所有重大方面是否公允地反映了被审计单位的财务状况、经营成果和资金变动情况；一贯性是指被审计单位的会计处理方法是否符合一致性原则。

将审计总目标规定为对会计报表表示意见，是因为注册会计师审计的主要业务是会计报表审计，而会计报表的使用者则希望注册会计师为会计报表的“三性”作出鉴证，以帮助他们制订有关经济决策。在任何历史时期，衡量单项审计业务质量的终极标准都是审计目标，但是，由于审计目标过于笼统和抽象，不适合作为单项审计业务质量的直接衡量标准。因此，有必要在其框架下对单项审计业务质量的衡量标准进行具体的细化。

二、现实标准

衡量单项审计业务质量的现实标准是职业标准。职业标准是对审计目标的细化，是在综合考虑社会期望和审计职业界自身能力的基础上，结合特定历史条件，对审计工作提出的现实要求。

《中国注册会计师审计准则》是我国注册会计师职业规范体系的重要组成部分，是对注册会计师专业胜任能力的基本要求和执业行为的具体规范，它是对注册会计师的一种技术要求，要求注册会计师应当具备专门学识与经验，经过适当专业训练，并具有足够的分析、判断能力。

三、具体标准

审计质量的具体标准，是指注册会计师为了确保审计质量而在审计过程中必须遵循的审计程序。将是否遵循必需的审计程序作为审计质量的评价标准，具有可操作性。根据《中国注册会计师质量控制准则》，落实到具体标准，则可采取 7 条质量评价标准检查对外出具的法定业务报告质量：①是否与客户签订了符合《中国注册会计师审计准则》要求的业务约定书；②是否编制了相应的审计计划；③是否实施了重要的审计程序；④是否取得了充分适当的审计证据支持审计意见；⑤是否编制了相应的工作底稿；⑥报告的内容与格式是否符合准则要求；⑦报告和工作底稿是否逐级复核，并有复核人签名记录。

单项审计业务的审计质量，是构成会计师事务所审计质量的基础，因此，事务所必须重视单向审计业务的审核，努力提高每一项业务的审计质量。

第二节　会计师事务所审计质量的评价指标体系

会计师事务所业务质量考核评价是对会计师事务所执行《中国注册会计师执业准则》的程序、质量控制管理和风险管理等综合业务质量管理情况所做的全面量化评审，业务质量是考核会计师事务所综合管理水平，加强行业诚信建设的主要内容，建立科学完善的事务所质量考核评价指标体系，并与行业诚信档案和监管工作相结合，有助于促进行业监管和诚信建设工作的科学化、具体化和标准化。

一、建立事务所总体执业质量评价体系的必要性

面对改制后行业发展中的新情况、新问题，由于行业自身缺乏以对事务所综合质量水平进行科学、量化评价标准为基础的公开，

透明的准入机制和系统的制度安排。一些事务所不考虑行业平均质量成本和风险成本,进行以降低收费和质量为手段的恶性竞争。同时,由于市场缺乏对事务所以质量为客观评价标准划分优劣的鉴别力,当个别执业机构和人员出现道德失范行为,严重损害公众利益时,整个行业只能代为受过,陷入诚信危机。尽管中国加入世贸组织,但政府和行业监管部门对承办相关业务的事务所进行的各种资格认定(如上市公司审计资格、大型国有企业审计资格、金融企业审计资格等)依据仍然只是人员数量和结构、资产规模等硬指标,普遍缺少质量水平的考核内容,使认定结果并不能完整反映出事务所的综合实力,不具有客观说服力。因此,目前有必要建立一套科学的事务所业务质量考核评价体系,定期对一定地区,一定数量的事务所的业务质量进行综合评定,并与事务所考评、划分等级、资格认定等相衔接,有利于规范和加强会计市场管理和促进会计师事务所的健康发展。

二、事务所总体执业质量评价体系的指标设置和基本构架

每年中国注册会计师协会及地方注协都会对全国的会计师事务所进行审计质量检查,在按照一定的标准进行数据筛选后,最后出具评价报告,评出百大会计师事务所,对公众发布相关信息,对违规的事务所和注册会计师进行处罚。同时,政府监管部门,如审计署、财政部及地方政府机关也会对审计质量进行检查;审计信息使用者也会关注审计质量,并作出评价。但政府和外部审计信息使用者的作用有限,更不能替代中注协及地方注协在审计行业检

查、监管中所占的主导地位。

审计质量评价客体即为会计师事务所，具体来说就是其事务所规模、业务范围、人员素质、组织形式和组成结构、内部控制制度的设置及运行完善与否、业务质量控制及构成等情况。每个因素都关系着最终审计质量的好坏，必须高度关注。关于评价方法与标准，是近年来引起广泛关注的问题。

评价指标体系是指在评价中，由一系列相互作用、相互影响的指标所构成的具有内在结构的有机整体，它能综合反映出研究对象各个方面的情况，表明各方面之间的相互关系。

审计质量影响因素众多，单纯用一两个指标对审计质量进行评价有失偏颇，必须用一个合理的指标体系衡量才有可能客观，否则会使评价的结论缺乏公正性。指标的设计，应该体现事务所整体质量的综合水平，而不是以某个具体审计项目的质量水平来评价，所以，质量评价指标设计应考虑影响事务所审计质量在内的所有主要因素。

《会计师事务所综合评价办法》(会协〔2015〕42 号)中涉及的指标有业务收入指标、综合评价其他指标、处罚和惩戒指标。其中，综合评价其他指标又包括基本情况、内部治理、执业质量、人力资源、国际业务、信息技术、党群共建、社会责任、受奖励情况等。根据本书第四章的内容，影响审计质量的因素主要体现在三个方面：独立性、专业胜任能力以及事务所实力，但是，独立性评价操作性难于把握，因此，将独立性用事务所质量控制代替。将事务所实力、专业胜任能力以及事务所质量控制三个因素设置为二级指标，本书又针对每一个二级指标设计了相关的三级指标。

反映事务所实力的指标是反映事务所基本情况和审计市场竞争地位的指标，具体有主营业务收入规模、总资产、组织形式；反映专业胜任能力的指标体现了事务所注册会计师数量和质量，具体有执业人员数量、执业人员学历、注册会计师所占的比重、注册会计师学历情况，从业时间、劳动合同签署情况、后续教育完成率、后续教育完成途径；反映事务所质量控制的指标，考察事务所内部控制和督导的水平和质量，具体有质量控制机构设置情况、质量控制制度设计合理性、质量控制制度设立的完善性、质量控制执行情况。

三、评价体系指标评价标准

在遵循前文各类原则的前提下，本文确定了审计质量评价体系的相关指标，那么，在运用这些指标时，必须先确定评价标准，在运用时必须依照该标准进行评价，使评价结果有理有据，从而对事务所的审计质量作出公正、恰当、科学、完整的评价。确定指标评价标准，可以简化评价程序，提高评价的可操作性，同时减少评价过程中人为因素对评价结果的影响，使评价结果更加真实、客观。

由前文所述，事务所质量评价指标分为定量指标和定性指标，应该为不同的指标制定对应的评价标准的尺度。定量指标评价标准的制定首先广泛采集历史统计数据，采用数学统计法，测算各类指标的平均值，作为评价标准。为了使评价标准便于理解，具有较强的操作性，也为了更好地考察事务所的真实审计水平，本文在制定评价指标时，只考虑影响事务所质量的内部影响因素，把评价标准分为四个区间，为了表述直观便于理解，按百分制计分：好为 100 分，良好为 85 分，中等为 70 分，较差则为 50 分。定性指标由行业监管、行政监管部门在业务检查中的相关法律法规作为评价标准。本文根据 A 会计师事务所的有关数据，对各项指标进行分析并确定评价标准。以下是每项指标的评价标准。

（一）事务所规模实力

本书研究的事务所规模主要包括主营业务收入规模、总资产、组织形式三个指标，在对该项指标进行评价时，应该用每项指标分别与该项指标的平均值进行比较。如果所有指标均高于平均值，则每项得分为 100 分，可以说明该项指标反映的事务所规模大；如果指标得分为平均值的 80%，得分为 85 分，或有三个指标高于平均值，则说明该事务所规模较大；如果指标得分为平均值的 50%，得分为 70 分，或有两个指标高于平均值，则说明该事务所规模一般；如果指标得分低于平均分的 50%，得分为 50 分，则说明该项指标反映的事务所规模较小。

（二）专业胜任能力

反映事务所专业胜任能力的指标主要包括执业人员数量、执业人员学历、注册会计师所占的比重、注册会计师学历情况，从业时间、劳动合同签署情况、后续教育完成率、后续教育完成途径等。依上述指标与平均值进行比较，如果指标得分高于平均值，得分为 100 分，所有指标均高于平均值，则说明该事务所专业胜任能力较强；如果指标得分为平均值的 80%，得分为 85 分，或有六个指标高于平均值，则说明该事务所执业人员素质较高；如果指标得分为平均值的 50%，得分为 70 分，或有四个指标高于平均值，则说明该事务所执业人员素质一般；如果指标得分低于平均分的 50%，得分为 50 分，或所有指标均低于平均值，则说明该事务所执业人员素质较差。

(三)事务所质量控制

事务所内部质量控制主要包括质量控制机构设置情况、质量控制制度设计合理性、质量控制制度设立的完善性、质量控制执行情况等指标,在评价时,应考察事务所是否设置了该项制度,并是否有效运行。若指标均建立健全且正常运行,得分为100分;若不存在,得分为50分,然后依据实际情况酌情得分。

主要是事务所质量控制机构及程序的设置和注册会计师在审计过程中具体执行情况;针对审计业务,评价标准应参照《中国注册会计师职业质量控制基本准则》以及《中国注册会计师审计准则》《中国注册会计师其他鉴证业务准则》和《中国注册会计师相关服务准则》《中国注册会计师审阅准则》等相关法律法规。如果审计人员在整个审计业务中严格按照审计准则规定,履行审计程序,在审计过程各阶段中所有的业务活动均遵守准则规定,最终完成审计工作底稿,则得分为100分。如果四项指标均得分为100分,则说明该事务所业务质量规范及水平高;如果质量控制机构及程序的设置较为合理,同时在完成审计工作底稿时比较严格地遵守了审计准则,则得分为85分,四项指标均得分为85分或有一项为100分,则说明该事务所审计质量较高;如果质量控制机构及程序的设置基本合理,同时审计人员按照有关准则的一般规定完成,但存在不合理性,得分为70分,四项指标均得分为70分或有一项高于该标准,则说明该事务所审计质量一般;如果质量控制机构及程序的设置不合理,同时审计人员没有按照相关法律法规执业,审计底稿严重失实,得分为50分,有一项指标得分为50分,则说明该事务所审计业务质量较差。

四、会计师事务所审计质量评价指标标准

本书主要以小型会计师事务所为目标建立的评价体系。因此，评价基准主要是针对小型会计师事务所的特征，并结合了宜昌市当地事务所的实际情况见表5-1。

表5-1　会计师事务所审计质量评价指标标准

二级指标	三级指标	评价基准	得分
事务所规模实力	主营业务收入规模/万元	1 000	100
	总资产/万元	500	100
	组织形式	合伙	100
专业胜任能力	执业人员数量	30	100
	执业人员学历	本科	100
	注册会计师所占的比重	50%	100
	注册会计师学历情况	本科	100
	从业时间/年	15	100
	劳动合同签署情况	签订	100
	后续教育完成率	100%	100
	后续教育完成途径	完善	100
事务所质量控制	质量控制机构设置情况	有	100
	质量控制制度设立的完善性	完善	100
	质量控制制度设计合理性	合理	100
	质量控制执行情况	好	100

五、层次分析法的引入

层次分析法(Analytic Hierarchy Process,AHP)是由美国运筹学家 T. L. 沙旦于20世纪70年代提出的,是一种解决多目标复杂问题的定性与定量相结合的、系统化的、层次化的决策分析方法。

过去研究自然和社会现象主要有机理分析法和统计分析法两种方法,前者用经典的数学工具分析现象的因果关系,后者以随机数学为工具,通过大量的观察数据寻求统计规律。近年发展的系统分析法是一种新的方法,而层次分析法是系统分析的数学工具之一。

层次分析法将定性分析与定量分析结合起来完成以上步骤,给出决策问题的定量结果。

层次分析法的基本步骤如下。

(一)建立层次分析结构模型

深入分析实际问题,将有关因素自上而下分层(目标—准则或指标—方案或对象),上层受下层影响,而层内各因素基本上相对独立。

这些层次可以分为以下三类。

最高层:也称为目标层,这一层只有一个元素,就是分析的最终目标和结果。最高层是决策的最终影响因素。

中间层:也称为准则层,这一层中包含了影响决策的几大因素,具有高度概括性和涵盖性。这一层考虑所有影响目标的主要因素，并有条理地分门别类，划分为几个部分。该层的划分至关重要，是层次分析法能否奏效的关键。

最底层：也称为措施层，这一层是对中间层的细分，该层元素往往数量较多，内容具体，各元素之间的相互关系比较难以判断，难度较大。

（二）构造成对比较阵

用成对比较法和1～9尺度，构造各层对上一层每一因素的成对比较阵。

（三）计算权向量并作一致性检验

对每一成对比较阵计算最大特征根和特征向量，作一致性检验，若通过，则特征向量为权向量。

（四）计算组合权向量（作组合一致性检验＊）

组合权向量可作为决策的定量依据。

六、yaahp层次分析法软件的引入

yaahp（Yet Another AHP）是由山西元决策软件科技有限公司推出的一个层次分析法软件，它可以帮助用户自动建立层次模型，计算出各元素之间的权重。用户只需要输入层次内的各个元素，然后赋予元素之间的对比关系，就可以使用层次分析法进行决策。

（1）建立层次分析结构模型（见图5-1）。

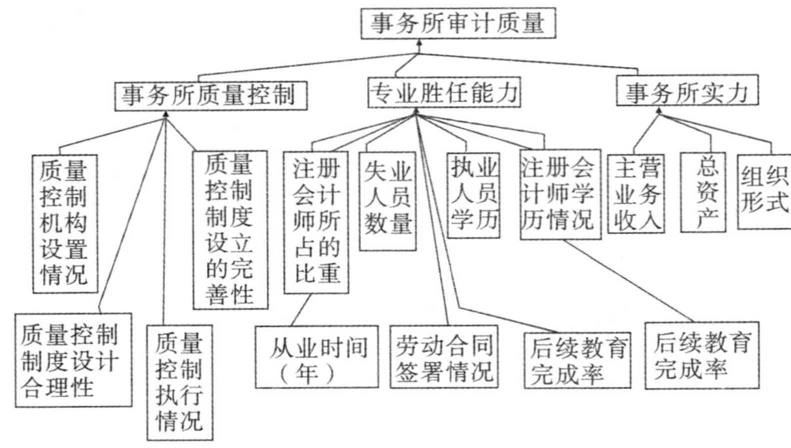

图5-1　会计师事务所质量层次分析结构模型

第一层为决策目标，第二层为中间要素，第三层为备选方案。

(2)通过判断矩阵形式和文字描述形式输入判断矩阵的值（见图5-2至图5-5）。

	事务所实力	专业胜任...	事务所质...
事务所实力		1	3
专业胜任能力			3
事务所质控制			

图5-2　中间层要素矩阵值

	总资产	主营业务	组织形式
总资产		1/6	1
主营业务收入			9
组织形式			

图5-3　事务所实力下属备选方案矩阵值

	执业人员...	注册会计...	注册会计...	从业时间...	劳动合同...	后续教育...	执业人员...	后续教育...
执业人员学历		1/4	1	1	3	7	1/2	3
注册会计师所占的比重			7	1	3	6	1	7
注册会计师学历情况				1/4	1	5	1/2	1
从业时间（年）					1	3	1/2	3
劳动合同签置情况						1	1/4	3
后续教育完成途径							1/3	1/4
执业人员数量								4
后续教育完成率								

图 5-4　专业胜任能力下属备选方案矩阵值

	质量控制...	质量控制...	质量控制...	质量控制...
质量控制制度设计合理性		1	1	1
质量控制机构设置情况			1	1
质量控制制度设立的完善性				1
质量控制执行情况				

图 5-5　事务所质量控制下属备选方案矩阵值

（3）检查判断矩阵一致性，通过一致性检验。

（4）生成计算结果（见图 5-6）。

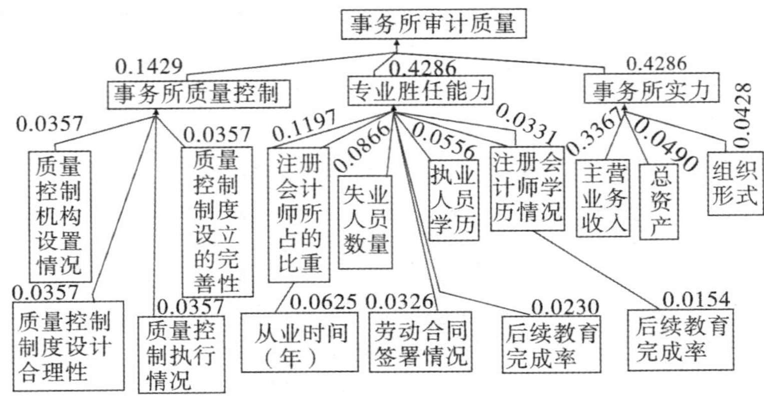

图 5-6　会计师事务所质量评价指标权重分布图

(5)形成会计师事务所质量评价指标体系(见表 5-2)。

表 5-2　会计师事务所质量评价指标权重分配表

二级指标及权重	三级指标及权重		权重
事务所规模实力 42.86%	主营业务收入规模/万元	78.57%	33.67%
	总资产/万元	11.44%	4.90%
	组织形式	9.99%	4.28%
专业胜任能力 42.86%	执业人员数量	20.21%	8.66%
	执业人员学历	12.97%	5.56%
	注册会计师所占的比重	27.93%	11.97%
	注册会计师学历情况	7.73%	3.31%
	从业时间/年	14.59%	6.25%
	劳动合同签署情况	7.61%	3.26%
	后续教育完成率	5.37%	2.30%
	后续教育完成途径	3.59%	1.54%
事务所质量控制 14.29%	质量控制机构设置情况	25%	3.57%
	质量控制制度设立的完善性	25%	3.57%
	质量控制制度设计合理性	25%	3.57%
	质量控制执行情况	25%	3.57%

七、结论分析

如图 5－7 所示，比较直观的反应了会计师事务所质量评价指标中，各因素的影响大小。其中，排在前三位的分别是主营业务收入、注册会计师所占比重和执业人员数量。这几个指标主要是从事务所实力和专业胜任能力方面评价了会计师事务所审计质量，这样说明，事务所实力和专业胜任能力是影响会计师事务所审计质量的主要因素。

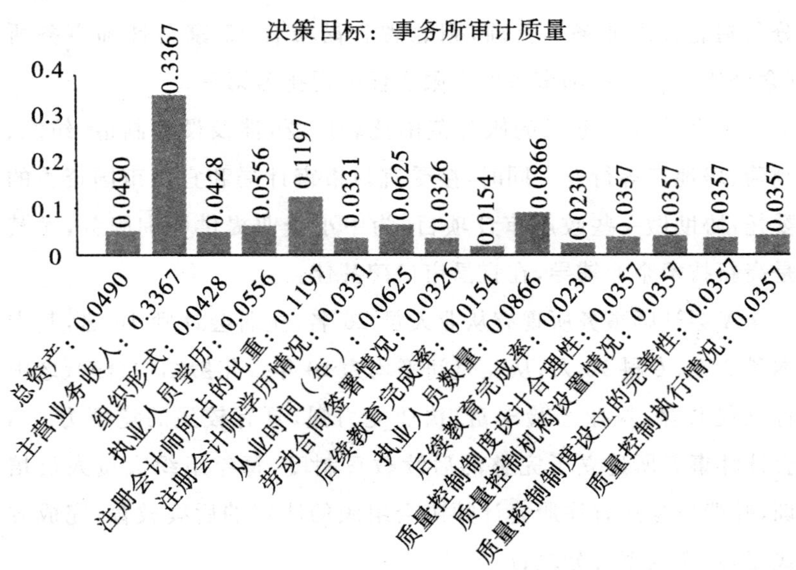

图 5－7　会计师事务所质量评价指标柱状图

第三节　A 会计师事务所审计质量评价

一、A 会计师事务所基本情况

A 会计师事务所地处湖北省宜昌市，是一家有限责任制事务所，成立于 1999 年，注册资本 100 万元，属于小型事务所，不具备审计上市公司资格。其每年主营业务收入约 500～1 000 万元，大部分是湖北省内业务。目前，湖北省宜昌市有 15 家会计师事务所(含分所)，A 会计师事务所有限责任公司排名第三。

A 会计师事务所的服务范围比较广泛，涉及设备制造、纺织、制药、房地产等行业。同时，接受宜昌市审计局和宜昌市国资委的委托，协助做一些政府审计项目；为中小企业提供咨询服务，尤其是高新技术企业辅导，在宜昌市口碑甚佳。

A 会计师事务所现有从业人员 26 名，注册会计师 16 名，其中本科 6 人，专科 10 人，从业时间平均为 10 年。年龄结构合理、老中青三代共存，执业经验丰富，执业能力强，具有较强的竞争力。A 会计师事务所建立了完整的后续教育制度，每年组织大量人员培训，并严格参加省注册会计师协会组织的法定的后续教育，完成方式完善，完成率百分之百。

二、A 会计师事务所组织结构

A 会计师事务所有专门的质量标准与监督部，有专家组，在质量控制和业务规范上有严格的制度。三级复核制度完善，项目负责人、部门负责人、主任会计师层层把关，对审计质量要求严格。对于审计人员的执业水平和道德素质有严格的保障。

三、A 会计师事务所审计质量评价得分

本书用数值来表述会计师事务所的审计质量。最终得分在 80 分以上，说明审计质量较好；在 60～80 分之间，说明审计质量中等；得分在 60 分以下，说明审计质量较差。根据上述案例提供的资料和运用层次分析法，我们可以计算出 A 会计师事务所的审计质量得分。

A 会计师事务所三级评价指标得分值计算见表 5-3。

表 5-3 A 会计师事务所三级评价指标得分值

三级指标及权重		指标得分	加权得分	总计
主营业务收入规模/万元	78.57%	50	39.29	50.73
总资产/万元	11.44%	100	11.44	
组织形式	9.99%	0	0	
执业人员数量	20.21%	100	20.21	92.91
执业人员学历	12.97%	86.67	12.24	
注册会计师所占的比重	27.93%	100	27.93	
注册会计师学历情况	7.73%	80	6.18	
从业时间/年	14.59%	67	9.78	
劳动合同签署情况	7.61%	100	7.61	
后续教育完成率	5.37%	100	5.37	
后续教育完成途径	3.59%	100	3.59	
质量控制机构设置情况	25%	100	25	100
质量控制制度设立的完善性	25%	100	25	
质量控制制度设计合理性	25%	100	25	
质量控制执行情况	25%	100	25	

A 会计师事务所审计质量最终得分计算如下

审计质量的最终得分＝二级指标的得分×该指标所占权重

二级指标的得分＝三级指标的得分×三级指标权重之和

50.73×42.86％＋92.91×42.86％＋100×14.29％

＝75.85

A 会计师事务所审计质量最终得分为 75.85 分。在三个二级指标中，事务所实力得分为 50.73 分，专业胜任能力得分为 92.91 分，事务所质量控制得分为 100 分，总体上得分情况不错，但是事务所实力还需加强，尤其是该事务所还是有限责任公司形式，这样就会减轻注册会计师的责任，导致注册会计师执业不够谨慎，尽快改制。最终得分 75.85 分，与注协评分基本一致，比较客观的反应了 A 会计师事务所的审计质量。

综合来看，A 会计师事务所审计质量属于中等水平。

本章主要以小型会计师事务所为对象，提出适合小型会计师事务所的评价标准，并以 A 会计师事务所为例，进行了评价。该事务所在宜昌市的排名中偏上，具有代表性。小型会计师事务所的审计质量和大型事务所相比还是存在一定的差距，需要进一步发展。

第六章 A会计师事务所的审计案例分析

第一节 A会计师事务所的审计流程

A会计师事务所的审计流程一般包含以下几个步骤。

(1)企业调查。

1)与委托方或他方项目洽谈。

2)了解客户单位概况。

3)了解客户单位会计政策。

(2)审计风险评估程序。

1)内控调查及测试。

2)财务报表的复核性分析。

3)项目风险评估。

4)业务承接评价。

(3)总体审计策略及具体审计计划。

1)重要性水平测试。

2)重点审计领域确定。

(4)实施审计实质性测试。

1)审计记录及审计取证。

2)综合性调整会计分录及试算平衡。

3)项目中重大事项沟通及反馈意见记录。

4)审计初稿的沟通记录。

(5)审计总结及复核。

1)审计工作小结。

2)审计底稿三级复核核对。

3)审计工作完成情况核对。

4)出具正式的审计报告。

第二节　B新能源有限公司审计流程

一、公司基本情况

B新能源有限公司,成立日期:2010年5月6日,企业法人营业执照注册号:91420500553929047P;注册资本:1 000万元,实收资本:1 000万元;法定代表人:×××;公司类型:有限责任公司;住所:宜昌市西湖路32号;经营范围:太阳能、地能、空气能、风能、生物质能等可再生能源及新能源技术、产品的研发、生产、销售和服务等。

该公司于2014年11月取得高新技术企业证书,还通过产学研合作,获得七项实用新型专利。

公司目前有员工11人,其中从事研发和相关技术创新活动的科技人员4人，占总数的31.36%。

二、委托项目的基本情况

本次B新能源有限公司委托目的为申报2017年高新技术企业专项审计。该公司申请高新技术企业认定，并按《高新技术企业认定管理办法》和《高新技术企业认定管理工作指引》编制了2014—2016年度的研究开发费用结构明细表及2016年高新产品收入明细表。该公司按《企业会计准则》的要求对研发费用进行了单独核算，我们在本次进行专项审计时按《高新技术企业认定管理工作指引》对该公司研发费用结构明细表归集的依据及支撑资料进行了审核，对其收入的真实性、准确性进行核实。

三、B新能源有限公司的审计过程

(一)企业调查

1. 与委托方或他方项目洽谈

与委托方或他方项目洽谈见表6-1。

表6-1 审计项目洽谈表

单位名称：B新能源有限公司　　编制人：×××

项目名称：高新技术企业复审专项审计　　日期：2017年6月2日

洽谈时间	2017年6月2日	洽谈地点	三峡新能源办公室
对象及参加人员	×××等		
本项目洽谈人员	×××		
洽谈内容			

续表

<table>
<tr><td>洽谈时间</td><td>2017 年 6 月 2 日</td><td>洽谈地点</td><td>三峡新能源办公室</td></tr>
<tr><td colspan="4">1.委托方基本情况
B 新能源有限公司，成立日期：2010 年 5 月 6 日，企业法人营业执照注册号：×××；注册资本：1 000 万元，实收资本：1 000 万元；法定代表人：×××；公司类型：有限责任公司；住所：宜昌市西湖路 32 号；经营范围：太阳能、地能、空气能、风能、生物质能等可再生能源及新能源技术、产品的研发、生产、销售和服务等。
该公司于 2014 年 11 月取得高新技术企业证书。还通过产学研合作，获得七项实用新型专利。
公司目前有员工 11 人，其中从事研发和相关技术创新活动的科技人员 4 人，占总数的 31.36%。
审计人员按《高新技术企业认定管理办法》和《高新技术企业认定管理工作指引》对该公司申报条件进行了初步评估，认为该公司符合复审条件</td></tr>
<tr><td colspan="4">2.审计项目概况
该公司申请高新技术企业认定，并按《高新技术企业认定管理办法》和《高新技术企业认定管理工作指引》编制了 2014—2016 年度的研究开发费用结构明细表及 2016 年高新产品收入明细表。该公司按《企业会计准则》的要求对研发费用进行了单独核算，我们在本次进行专项审计时按《高新技术企业认定管理工作指引》对该公司研发费用结构明细表归集的依据及支撑资料进行了审核，对其收入的真实性、准确性进行核实</td></tr>
<tr><td colspan="4">3.审计目的及范围
审计目的：对该公司编制的 2014—2016 年度研发项目研发费用明细表及 2016 年高新产品收入明细表的有效性及客观性进行专项审计。
审计范围：与 2014—2016 年研发项目研发费用明细表及 2016 年高新产品收入明细表编制有关的会计资料及合同、立项报告及相关的其他资料</td></tr>
</table>

续表

<table>
<tr><td>洽谈时间</td><td>2017 年 6 月 2 日</td><td>洽谈地点</td><td>三峡新能源办公室</td></tr>
<tr><td colspan="4">4. 审计基准日
2016 年 12 月 31 日</td></tr>
<tr><td colspan="4">5. 协商审计费用：30 000 元</td></tr>
<tr><td colspan="4">6. 客户单位的期望(时间要求、其他要求)
按要求及时出具审计报告</td></tr>
</table>

2. 了解客户单位概况

了解客户单位概况见表 6-2。

表 6-2　客户单位基本概况调查表

调查人：×××　　　　日期：2017 年 6 月 2 日

<table>
<tr><td>单位名称</td><td colspan="5">B 新能源有限公司</td><td>公司负责人</td><td>×××</td></tr>
<tr><td>法定地址</td><td colspan="5">宜昌市西湖路 32 号</td><td>财务负责人</td><td>×××</td></tr>
<tr><td>经济性质</td><td>私有企业</td><td>所属行业</td><td></td><td>注册日期</td><td>2010 年 5 月</td><td>联系电话</td><td>13972602180</td></tr>
<tr><td>经营范围</td><td colspan="5">太阳能、地能、空气能、风能、生物质能等可再生能源及新能源技术、产品的研发、生产、销售和服务；可再生能源及新能源工程项目的规划、设计、安装施工；机电设备安装、施工(不含特种设备及登记注册前置许可)；新能源汽车充电设施(站、桩)研发、生产、销售、投资、运营、服务；建筑咨询服务；节能服务……</td><td>经营期限</td><td>20 年</td></tr>
</table>

续表

<table>
<tr><td>单位名称</td><td colspan="3">B新能源有限公司</td><td>公司负责人</td><td>×××</td></tr>
<tr><td>法定地址</td><td colspan="3">宜昌市西湖路32号</td><td>财务负责人</td><td>×××</td></tr>
<tr><td>总资产额/万元</td><td>1 137.45</td><td>净资产额/万元</td><td>1 072.49</td><td>负债总额/万元</td><td>64.96</td></tr>
<tr><td>注册工商机关</td><td>宜昌市工商局</td><td>主管税务机关</td><td colspan="3">宜昌市西陵区国税</td></tr>
<tr><td>办公地址</td><td>宜昌市西湖路32号</td><td>营业执照号码</td><td colspan="3"></td></tr>
<tr><td colspan="2" rowspan="2">投资者名称</td><td colspan="4">注册资本/万元</td></tr>
<tr><td>金额</td><td>出资比例/%</td><td>金额</td><td>占注册资本/%</td></tr>
<tr><td colspan="2"></td><td>776.00</td><td>77.6</td><td>776.00</td><td>77.6</td></tr>
<tr><td colspan="2"></td><td>223.70</td><td>22.37</td><td>223.70</td><td>22.37</td></tr>
<tr><td colspan="2"></td><td>0.15</td><td>0.015</td><td>0.15</td><td>0.015</td></tr>
<tr><td colspan="2"></td><td>0.15</td><td>0.015</td><td>0.15</td><td>0.015</td></tr>
<tr><td colspan="2">合计</td><td>1 000</td><td>100</td><td>1 000</td><td>100</td></tr>
<tr><td rowspan="4">单位经营概况</td><td>经营环境</td><td colspan="4">目前，太阳能市场竞争比较激烈，经营环境一般</td></tr>
<tr><td>行业状况及地位</td><td colspan="4">在宜昌市处于领先水平</td></tr>
<tr><td>收益状况</td><td colspan="4">2016年利润总额30.13万元，净利润25.61万元</td></tr>
<tr><td>经营规模</td><td colspan="4">属于微型企业</td></tr>
<tr><td colspan="2">审计类别</td><td colspan="2">高新专项审计</td><td rowspan="4">前任注册会计师审计情况</td><td rowspan="4"></td></tr>
<tr><td colspan="2">基准日</td><td colspan="2">2016年12月31日</td></tr>
<tr><td colspan="2">委托目的</td><td colspan="2">高新申报专项审计</td></tr>
<tr><td colspan="2">涉及范围</td><td colspan="2">与2014—2016年研发费及2016年高新收入有关的所有凭证、账簿及报表等会计资料</td></tr>
<tr><td>备注</td><td colspan="5"></td></tr>
</table>

3. 了解客户单位会计政策

了解客户单位会计政策见表6-3。

表6-3　客户单位会计政策调查表

单位名称:B新能源有限公司

调查人:×××　　　　日期:2017年6月2日

序　号	项　目	一贯政策	当期变动情况
一	执行何种会计制度	企业会计制度( ),小企业会计制度(√),行政事业会计制度( )	
二	各种适用税率	所得税(√),增值税( ),营业税( ),城建税(√),土地增值税( )	
		教育费附加(√),堤防费( ),义优金( ),消费税( )	
三	合并报表编制范围	投资比例超过50%的单位个数(1),合并单位个数( )	
四	具体会计政策		
1	记账本位币	人民币(√),美元( ),港币( ),日元( ),其他( )	
2	有外币业务的科目	存款( ),借款( ),应收( ),应付( ),预收( ),预付( )	不适用
	外币记账方法	1. 以外币增减业务发生时市场汇价( )或当月月初的市场汇价( )记账; 2. 按月末市场汇价折合记账本位币金额( )调整	不适用
3	短期投资计价方法	按实际成本计价( ),期末是否考虑市价变动影响( )。变现时按先进先出法( ),加权平均法( ),后进后出法( )或对号入座法( )计价	不适用

续表

序　号	项　目	一贯政策	当期变动情况
4	材料计价标准和方法	1. 按实际成本核算(√)。发出采用:先进先出法(√),加权平均法(　),个别计价法(　),后进先出法(　)。 2. 按计划(定额)成本核算(　)。材料成本差异分摊方法:全部由完工产品成本负担(　),在产成品与在产品成本之间分摊(　)	
5	产品成本计算方法	品种法(　),分类法(　),定额比例法(　),分批法(　),分步法(　)	不适用
	产成品发出核算计价方法	1. 按实际成本核算(　)。先出采用:先进先出法(　),加权平均法(　),个别计价法(　),后进先出法(　)。 2. 按计划(定额)成本核算(　)。产成品成本差异分摊方法:全部由销售成本负担(　),在产成品与销售成本之间分摊(　)	不适用
6	在产品计价方法	成本内容:无(　),原材料成本(　),制造成本(　)。数量确定:约当产量(　),固定数量(　),估计数(　)。成本确定:实际成本(　),定额成本(　)	不适用

续表

序　号	项　目	一贯政策	当期变动情况
7	长期投资中债券投资计价方法	按实际支付的款项记账（　）	不适用
	长期投资中投资和联营投资的投资收益的计价方法	持股20%以上的按权益法（　）。 持股50%以上的按权益法并合并报表（　）	不适用
8	固定资产标准	单位价值在（2 000元）以上，为固定资产	
	低值易耗品标准	单位价值（2 000元）以下，（200元）以上，为低值易耗品	
	低值易耗品摊销方法	一次摊销（√），五五摊销（　），其他（　）	
9	固定资产折旧方法	1. 方法：直线法（√），工作量法（　），其他（　）。 2. 残值率（　）	
10	固定资产大修理摊提方法	预提（　），待摊（　），直接计入费用（　）	不适用
11	是否提坏账准备	提（　），提取比率（　），直接转销法（　）	不适用
12	是否提存货损失准备（商品削价准备金）	提（　），提取比率（　），不提（　）	不适用
13	是否提养老保险金	提（　），提取比率（　），不提（　）	
14	无形资产摊销方法	分期摊销期限（√），起讫时间（　）	
15	递延资产（长期待摊费用）摊销方法	分期摊销期限（　）或按受益期	不适用

续表

序 号	项 目	一贯政策	当期变动情况
16	其他资产摊销方法	分期摊销期限( )或按受益期	不适用
17	任意公积金提取比例公益金提取比例	任意公积金提取比例( );公益金提取比例( )	不适用
18	销售(营业)收入实现的界定条件	按会计准则规定	
19	递延税款摊销方法	递延法( ),债务法( )	不适用

(二)审计风险评估程序

1. 内控调查及测试

内控调查及测试见表 6-4 至表 6-10。本审计项目只需要了解客户控制情况,不需要执行控制测试。

表 6-4 客户单位内部控制调查表

单位名称:B新能源有限公司 调查人:××× 日期:2017年6月2日

<table>
<tr><td>时 间</td><td>2017年6月2日</td><td>地 点</td><td>该单位财务室</td></tr>
<tr><td>对象及参加人员</td><td colspan="3"></td></tr>
<tr><td>本项目调查范围</td><td colspan="3">公司内部控制制度情况</td></tr>
<tr><td colspan="4">调查内容</td></tr>
<tr><td colspan="4">1. 内部控制制度建立情况
公司单独设立了技术中心,技术中心主要组织实施公司的新产品研发及公司技术攻关,该公司建立了项目立项管理制度、项目验收制度、技术研发人员考核奖励制度,并与湖北工业大学开展了产学研合作</td></tr>
</table>

续表

<table>
<tr><td>时　间</td><td>2017 年 6 月 2 日</td><td>地　点</td><td>该单位财务室</td></tr>
<tr><td>对象及参加人员</td><td colspan="3"></td></tr>
<tr><td>本项目调查范围</td><td colspan="3">公司内部控制制度情况</td></tr>
<tr><td colspan="4">调查内容</td></tr>
<tr><td colspan="4">2. 内部控制制度执行情况
控制度运行的测试，均能发现其控制的轨迹，根据控制轨迹的分析，研发项目审核制度、资金流向制度均能见流程要件</td></tr>
<tr><td colspan="4">3. 内控测试取证及分析情况
经分析性复核，大部分内控制度执行有效</td></tr>
<tr><td colspan="4">4. 内控中存在的问题及建议
研发费用中，其他费用过高</td></tr>
<tr><td colspan="4">5. 与管理当局沟通意见
同意审计人员意见，尽快整改</td></tr>
</table>

表 6-5　内控测试—采购与付款循环

单位名称：__________　　项目名称：__________

编制人：__________　　复核人：__________

日　期：__________　　日　期：__________

控制目标	相关交易和账户余额	被审计单位的控制活动	控制活动是否有效	控制活动是否得到执行	控制活动是否有效执行	控制测试结构是否支持风险评估结论
经过核准的采购订单	存货					

续表

控制目标	相关交易和账户余额	被审计单位的控制活动	控制活动是否有效	控制活动是否得到执行	控制活动是否有效执行	控制测试结构是否支持风险评估结论
内容已准确记录	成本					
已记录的采购均已收到物品及发生的费用	存货					
已记录的采购交易计价正确	成本					
接受劳务交易均记录于适当期间						
对已记录的应付账款办理支付	往来					
付款均已记录	收入					
对供应商档案的变更均为真实和有效的	往来					
确保供应商档案数据及时更新	往来					

表 6-6　内控测试—工薪与人事循环

单位名称：__________　　　　项目名称：__________

编制人：__________　　　　复核人：__________

日　期：__________　　　　日　期：__________

控制目标	相关交易和账户余额	被审计单位的控制活动	控制活动是否有效	控制活动是否得到执行	控制活动是否有效执行	控制测试结构是否支持风险评估结论
员工名册新增人员均为真实有效的已记入名册	应付工资					
新增员工均已记入员工名册	应付工资					
离职员工均已从员工名册中删除均为真实有效的	应付工资					
用已计算工资的工作时间数据均为真实发生的（生产）	应付工资					
用已计算工资的工作时间数据均为真实发生的（管理）	应付工资					
准确计算和记录工资费用	应付工资					

续表

控制目标	相关交易和账户余额	被审计单位的控制活动	控制活动是否有效	控制活动是否得到执行	控制活动是否有效执行	控制测试结构是否支持风险评估结论
工资费用于适当期间进行记录	应付工资					
常备数据变动均为真实和准确的，并及时处理	应付工资					
经适当授权的人员才能接触工薪数据	应付工资					

表 6-7　内控测试—生产与仓储循环(一)

单位名称：__________　　项目名称：__________

编制人：__________　　复核人：__________

日　期：__________　　日　期：__________

控制目标	相关交易和账户余额	被审计单位的控制活动	控制活动是否有效	控制活动是否得到执行	控制活动是否有效执行	控制测试结构是否支持风险评估结论
已验收材料均附有有限采购订单并准确记录	存货					
已验收材料均已记录	存货					

续表

控制目标	相关交易和账户余额	被审计单位的控制活动	控制活动是否有效	控制活动是否得到执行	控制活动是否有效执行	控制测试结构是否支持风险评估结论
已验收材料均已记录于适当期间	存货					
管理层授权进行生产	生产成本					
发出材料均已准确记录并记录于适应期间	生产成本					
已记录的生产成本均真实发生且与实际成本一致	生产成本					

表 6-8　内控测试—生产与仓储循环(二)

单位名称：__________　　项目名称：__________

编制人：__________　　复核人：__________

日　期：__________　　日　期：__________

控制目标	相关交易和账户余额	被审计单位的控制活动	控制活动是否有效	控制活动是否得到执行	控制活动是否有效执行	控制测试结构是否支持风险评估结论
发生的生产成本均已记录于适当的期间	生产成本					
存货流转已完整准确地记录于适当期间	存货					
完工产成品均于适当期间进行准确记录	存货					
产成品发运均已记录于适当期间	存货					
准确记录存货价值	存货					
存货价值调整是真实发生的	存货					

表 6-9　内控测试—销售与收款循环

单位名称：__________　　　　项目名称：__________

编制人：__________　　　　复核人：__________

日　期：__________　　　　日　期：__________

控制目标	相关交易和账户余额	被审计单位的控制活动	控制活动是否有效	控制活动是否得到执行	控制活动是否有效执行	控制测试结构是否支持风险评估结论
管理层核准销售订单的价格与条件	应收账款					
已记录的销售交易均已发出货物	主营业务收入					
已记录的销售交易计价准确	主营业务收入					
与销售货物相关的权利均已记录至应收账款	应收账款					
销售货物交易均已记录于适当期间	收入					
已记录的销售退回、折扣与折让均为真实发生的并已记录	其他应付款					

续表

控制目标	相关交易和账户余额	被审计单位的控制活动	控制活动是否有效	控制活动是否得到执行	控制活动是否有效执行	控制测试结构是否支持风险评估结论
对顾客档案变更均已于适当期间进行处理	应收账款					
准确计提坏账准备和核销坏账，并记录于恰当期间	应收账款					

表 6-10　内控测试—筹资与投资循环

单位名称：＿＿＿＿＿＿　　项目名称：＿＿＿＿＿＿

编制人：＿＿＿＿＿＿　　复核人：＿＿＿＿＿＿

日　期：＿＿＿＿＿＿　　日　期：＿＿＿＿＿＿

控制目标	相关交易和账户余额	被审计单位的控制活动	控制活动是否有效	控制活动是否得到执行	控制活动是否有效执行	控制测试结构是否支持风险评估结论
已记录的借款均为公司的负债	短期借款					
借款均已记录于适当期间	短期借款					
已记录的销售交易计价准确						

续表

控制目标	相关交易和账户余额	被审计单位的控制活动	控制活动是否有效	控制活动是否得到执行	控制活动是否有效执行	控制测试结构是否支持风险评估结论
偿还借款均已准确记录	短期借款					
财务费用均已准确计算并记录于适当期间	财务费用、银行存款					
已记录的偿还借款均为真实发生	短期借款					
已记录的投资均为公司的投资	长期投资					
投资交易均已记录	长期投资					

2. 财务报表的复核性分析

财务报表的复核性分析见表6-11。本审计项目属于专项审计，不需要财务报表分析。财务报表的复核性分析属于年报审计的程序。

表6-11　财务报表分析（资产负债表、利润表、现金流量表）

单位名称：	编制人：
项目名称：	报表所属期：　年　月　日
一、资产分析：	

续表

单位名称：			编制人：	
项目名称：			报表所属期： 年 月 日	
项目	20××.12.31	20××.12.31	增长比/(%)	占资产总额比/(%)
货币资金				
应收账款				
预付款项				
其他应收款				
存货				
流动资产合计				
固定资产				
在建工程				
无形资产				
开发支出				
长期待摊费用				
非流动资产合计				
资产总计				

二、负债及所有者权益分析：

项目	20××.12.31	20××.12.31	增减变动	权重分析
流动负债：				
短期借款				
应付票据				
应付账款				
预收款项				

续表

项目	20××.12.31	20××.12.31	增减变动	权重分析
应付职工薪酬				
应交税费				
其他应付款				
流动负债合计				
长期借款				
长期应付款				
非流动负债合计				
负债合计				
实收资本(或股本)				
资本公积				
未分配利润				
所有者权益合计				
负债及所有者权益合计				

三、利润表分析：

项目	2013 年度	2014 年度	增减金额	占总收入的比例
一、营业总收入				
其中：营业收入				
其中：主营业务收入				
减：营业成本				
其中：主营业务成本				

续表

项目	2013 年度	2014 年度	增减金额	占总收入的比例
营业税金及附加				
销售费用				
管理费用				
财务费用				
资产减值损失				
投资收益				
二、营业利润				
加：营业外收入				
减：营业外支出				
三、利润总额				
减：所得税				
四、净利润				
项目经理签字：		______年______月______日		

3. 项目风险评估汇总表

项目风险评估汇总表见表 6 - 12 和表 6 - 13。

表6-12　高新技术企业申报项目风险评估程序(高新专项使用)

客户名称:B新能源有限公司　　　　调查时间:2017年6月2日

一、前期调查

调查内容	调查意见
1.申报企业的主体情况及高新技术所属领域	独立主体,主要产品如下: (1)太阳能集中供热技术系统应用属于《国家重点支持的高新技术领域》中第六类新能源与节能——(一)可再生清洁能源——1.太阳能——太阳能热能利用技术。 (2)太阳能光伏发电技术系统应用属于《国家重点支持的高新技术领域》中第六类新能源与节能——(一)可再生清洁能源——1.太阳能——太阳能光伏发电技术
2.企业近五年取得的知识产权情况	通过产学研合作,获得七项实用新型专利
3.企业近三年科技成果的转化(每年必须5项,3年15项以上)	近三年科技成果转化共计18项
4.近三年的净资产及销售收入的成长性	近三年净资产成长性指标为35.05%,销售收入成长性指标为-0.11%

续表

调查内容	调查意见
5.近三年的研究开发费用占比情况及近一年的高新技术产品(服务)收入情况	三年研究开发费用共计101.77万元,占三年营业收入总额的比例为7.10%。近一年高新收入占当年总收入的比例为100%
6.企业职工人数及研发人员占全体职工人数的比例	公司目前有员工11人,其中从事研发和相关技术创新活动的科技人员4人,占总数的36.36%
7.企业研发机构的设置及管理情况	企业设有技术中心,管理较为规范
8.项目立项的情况(部级、省级、市级、企业内部)	近三年企业立项共计4项

在进行第一程序调查的前提下,评估其申报的可行性。对具备条件的企业实施进一步调查。

二、尽职调查

调查内容	调查意见
1.企业内控制度建设及运行情况。	建立了相关内控制度,运行较好
2.企业研发机构近三年研发项目资产化和费用化情况。	近三年研发项目费用化
3.企业近三年研发费用单位核算情况及台账建立情况。	单独核算
4.企业高新技术产品(服务)近一年收入情况。	占总收入100%

在进行第二程序调查的基础上,确定审计措施以识别财务报表研发费

用、高新(服务)收入可能存在的错报风险。

三、实施实质性测试

测试范围	对应措施	向被审计单位报告事项
1.研发费用结构明细表是否存在重大错报	采用样本量法对应RD表分析,核查研发费用明细	无重大错报
2.研发费用支撑的依据是否充分、有效	采用细节测试分析审计证据的持续相关性	无重大错报
3.高新技术产品(服务)的销售收入明细表是否有重大错报	对应PS表采用抽查法,核实抽样的有效性	无重大错报
4.高新技术产品(服务)收入支撑的依据是否合法、合规、真实有效	采用细节测试分析交易科目的处理及证据的有效性	无重大错报

在完成以上审计程序后,注册会计师发表的审计意见。

四、审计风险评估意见

评价项目	评价意见
1.评价列报的适当性。 2.评价审计证据的充分性、适当性。 3.研发费用的有效性 4.高新收入的真实性	研发费用明细表为被审计单位以财务账上为依据,根据高新申报《高新技术企业认定管理办法》归集;高新产品收入是根据该公司属于高新领域的产品销售收入进行归集,其列报是适当的,审计证据是充分、适当的;研发费用具有有效性;高新收入具有真实性

续表

评价项目	评价意见
5. 对审计证据的综合评价： (1)企业管理对控制风险的有效性。 (2)企业提供信息（财务、会计、科研）来源可靠性。 (3)审计证据说服力。 (4)对被审计单位审计环境的评价	与被审计单位的科研人员交流后，被审计单位部分项目由领导层批准立项，部分项目由省、市科技技厅立项，公司对研发足够重视，财务部门根据科研立项对其进行考核，企业管理对控制风险是有效的，企业提供的信息来源是可靠的，审计证据是有说服性的，被审计单位审计环境良好

在实施以上各项审计程序后，本注册会计师认为，B新能源有限公司符合高新技术企业复审的条件，可以进入申报程序。

调查组成员：

注册会计师：

表6-13　审计风险评估汇总表（年报审计使用）

单位名称：__________　　　　编制人：__________

项目名称：__________　　　　时间：____年____月____日

根据委托的目的，我们已与被审计单位进行项目洽谈，对客户的基本情况进行调查，包括与企业管理者当局沟通企业使用的会计政策、企业执行的内部控制制度情况、企业财务报表分析等，在此基础上，作出审计风险的评估和重点审计领域及重要性水平的确定。

一、对客户固有风险的评估

序号	项目	高	中	低
1	对客户管理能力、水平的评估			
2	对客户经营情况的评估			
3	对客户会计核算的评估			
4	对客户所处行业环境的评估			

二、对客户控制风险的评估

序号	项目	高	中	低
1	对客户内部控制制度建设的评估			
2	对客户内部控制制度运行的评估			
3	对客户财务报表层次识别错误的评估			

三、对审计检查风险的评估

序号	项目	高	中	低
1	审计人员工作能力和执业道德的评估			
2	审计策略及方法选用评估			
3	审计人员采用的计算机技术和网络技术评估			

四、对重要账户和交易采取进一步审计程序

序号	重要账户或交易	相关控制是否有效	应对措施(打“√”)		
			控制测试	分析程序	细节测试
1					
2					
3					
4					

复核人签字(项目负责人)：　　　　年　　月　　日

4. 业务承接评价表

业务承接评价表见表6-14。

表 6-14　业务承接评价表

<table>
<tr><td colspan="3">单位名称:B新能源有限公司　　　　编制人:
项目名称:高新技术企业复审专项审计　　　　编制日期:2017.6.2</td></tr>
<tr><td colspan="3">评价内容</td></tr>
<tr><td>一、审计项目洽谈表</td><td>索引</td><td>ZSGD—03</td></tr>
<tr><td>二、客户基本情况调查</td><td>索引</td><td>ZSGD—04</td></tr>
<tr><td>三、客户会计政策调查</td><td>索引</td><td>ZSGD—05</td></tr>
<tr><td>四、客户内部控制度调查</td><td>索引</td><td>ZSGD—06</td></tr>
<tr><td>五、客户财务报表分析</td><td>索引</td><td>ZSGD—07</td></tr>
<tr><td>六、审计风险评估汇总表</td><td>索引</td><td>ZSGD—08</td></tr>
<tr><td colspan="3">七、独立性调查
本所或项目组成员是否存在经济利益对独立性的损害。
(1)与客户存在专业服务收费以外的直接经济利益或重大的间接经济利益
是□　否☑
(2)过分依赖向客户收取的全部费用　是□　否☑
(3)与客户存在密切的经营关系　是□　否☑
(4)过分担心可能失去业务　是□　否☑
(5)可能与客户发生雇佣关系　是□　否☑
(6)存在与该项审计业务有关的或有收费　是□　否☑</td></tr>
<tr><td colspan="3">八、项目负责人对承接项目的评价
基于上述方面,我们接受☑ 或不接受 □ 此项业务。
项目负责人签字:
年　月　日
九、公司管理当局对项目的意见
同意按审计策略及计划,执行审计程序。
主任会计师或项目跟踪合伙人签字:
年　月　日</td></tr>
</table>

(三)总体审计策略及具体审计计划

总体审计策略及具体审计计划见表6-15。

(1)重要性水评测试。

(2)重点审计领域确定。

表6-15　审计策略及具体审计计划

编制人(项目经理):　　　　日期:2017年6月3日

单位名称	B新能源有限公司			联系电话	
项目名称	高新技术企业复审专项审计			联系人	
审计基准日	2016.12.31	传真		电子邮箱	
审计策略	根据客户单位具体审计环境,本次审计策略与方法:(请选择打"√")风险导向审计(　)详细审计(√) 抽样审计(　)				
项目概况	该公司已按《高新技术企业认定管理办法》和《高新技术企业认定管理工作指引》编制了2014—2016年度的研究开发费用结构明细表及2016年高新产品收入明细表。我们本次进行专项审计时按要求对研发费用的归集进行审核,并对其提供的资料进行核实,同时对高新产品收入的真实性进行核实				
审计范围	2014—2016年研发项目研发费用明细表及2016年高新产品收入明细表编制有关的会计资料及合同、立项报告及相关的其他资料				
确定审计重要性水平及重点测试的审计领域	本项目为专项审计不确定重要性水平,采用详细审计法。 本次审计不确定重要性水平,确定的重点测试审计领域: 2014年、2015年、2016年研发费用支出明细记录的有效性,2016年高新产品收入的明细记录的真实性				
对审计风险的评估	我们现场对该项目进行了初步评估,认为该公司符合高新技术企业申报相关条件,尚未发现不可控的风险存在				

续表

<table>
<tr><td>单位名称</td><td colspan="3">B新能源有限公司</td><td>联系电话</td><td></td></tr>
<tr><td>项目名称</td><td colspan="3">高新技术企业复审专项审计</td><td>联系人</td><td></td></tr>
<tr><td>审计基准日</td><td>2016.12.31</td><td>传真</td><td></td><td>电子邮箱</td><td></td></tr>
<tr><td>审计进度时间及人员安排(初稿撰写人)</td><td colspan="5">由×××组成审计小组负责项目实施，×××为项目负责人，负责全面把关、报告撰写，×××负责实施具体审计程序。项目组拟于2017年6月3日进入审计现场，6月20日进行案头整理工作，由出具审计报告初稿并征求意见</td></tr>
<tr><td colspan="6">审计计划复核：
部门经理签字：　　　　年　月　日</td></tr>
<tr><td colspan="6">我已审查，同意按上述计划执行审计
主任会计师(或授权负责人)签字：　　　　年　月　日</td></tr>
</table>

(四)实施审计实质性测试

1. 审计记录及审计取证

(1)近三年的研发费专项审计。根据《高新技术企业认定管理工作指引》的通知(国科发火〔2016〕195号)的规定，企业近三个会计年度(实际经营期不满三年的按实际经营时间计算，下同)的研究开发费用总额占同期销售收入总额的比例符合如下要求。

1)最近一年销售收入小于5 000万元(含)的企业，比例不低于5%。

2)最近一年销售收入在5 000万元至2亿元(含)的企业，比例不低于4%。

3)最近一年销售收入在2亿元以上的企业，比例不低于3%。

其中,企业在中国境内发生的研究开发费用总额占全部研究开发费用总额的比例不低于60%。

第一步:研发活动的认定。

研发费用就是与研究开发活动相关的费用。因此,确定研发费用的前提是要先确定企业是否存在研究开发活动。

《高新技术企业认定管理工作指引》的通知(国科发火〔2016〕195号)中对企业研究开发活动的界定为,为获得科学与技术(不包括社会科学、艺术或人文学)新知识,创造性运用科学技术新知识,或实质性改进技术、产品(服务)、工艺而持续进行的具有明确目标的活动。不包括企业对产品(服务)的常规性升级或对某项科研成果直接应用等活动(如直接采用新的材料、装置、产品、服务、工艺或知识等)。

在实务中审计人员首先收集企业研发立项的相关资料。立项可以是由政府部门立项的科研项目,也可以是企业自己立项项目。如果是政府部门的立项项目,由于经过了外部人员的认定,可信度一般较高。如果是企业自己立项,审计人员首先判断项目本身的先进性,必要时需要借助专家的判断。还可以根据项目的研发成果来认定是否属于研发活动,如项目最终是否取得了专利等。

第二步:研发费用的归集与认定。

1)人员人工费用。人员人工费用包括企业科技人员的工资薪金、基本养老保险费、基本医疗保险费、失业保险费、工伤保险费、生育保险费和住房公积金,以及外聘科技人员的劳务费用。

在实务中,企业如果同时存在不同的研发项目,每个研发项目分别由不同的研发人员负责,这时该项目的人员人工费用直接按照这些研发人员的工资等费用归集，这是比较简单的情形。在审计过程中，审计人员应将研发立项书的研发人员名单与工资表对照，确定研发人员工资是否有差异。

很多企业研发人员并不是很充裕，往往一个研发人员要同时负责几个研发项目的研发工作，这时，就需要将这些身兼数职的研发人员的工资在不同的研发项目之间进行分配。

审计人员在审计的过程中，重点要关注的是企业对研发人员工资分配的依据是否合理。在实务中，企业比较常见的分配方法是按照参与人次进行分配。审计人员要注意收集与参与人次相关的工时记录表，并审查表格的真实性。

除了以上审计的难点之外，企业的人员人工费用还存在的常见错误如下。

a. 研发人员工资发放表与研发人员名单不一致，甚至出现了管理人员后期人员。

b. 将根据研发人员工资总额计提的福利费、工会经费等费用也计入了研发人员人工费。

审计人员在审计时一定要加以关注，将不属于研发费的金额剔除。

2）直接投入费用。直接投入费用是指企业为实施研究开发活动而实际发生的相关支出。其包括直接消耗的材料、燃料和动力费用；用于中间试验和产品试制的模具、工艺装备开发及制造费，不构成固定资产的样品、样机及一般测试手段购置费，试制产品的检验费；用于研究开发活动的仪器、设备的运行、维护、调整、检验、检测、维修等费用，以及通过经营租赁方式租入的用于研发活动的固定资产租赁费。

企业如果同时存在不同的研发项目，企业领用的研发材料专属于每一个研发项目，那么直接将该直接材料计入该项目即可。审计人员在审计过程中应注意领料单上的领用部门及用途，判断该材料是否为该研发项目领用。

在企业中可能存在另外一种情况，某些材料为几个研发项目共用，这时需要在不同的研发项目之间分配。审计人员在审计的过程中要收集相关的分配政策文件，分析其分配方法的合理性，然后与实际分配情况核对，确认是否存在差异。

被审计单位常见错误有领用的材料在多个项目间随意分配；提供的支撑材料无法证明为研发领用。

对于以上情况，审计人员应要求被审计单位提供相关证明材料，证明以上费用属于研发费，如不能提供，应剔除。

3)折旧费用与长期待摊费用。折旧费用是指用于研究开发活动的仪器、设备和在用建筑物的折旧费。长期待摊费用是指研发设施的改建、改装、装修和修理过程中发生的长期待摊费用。在实务中，比较常见的是折旧费用。

如果企业是为了研发而专门购入的设备，那么该设备的折旧费用直接计入研发折旧。如果，在实务中，企业为了减少设备闲置，研发设备通常具有通用性，不同的研发项目都可以使用，那么就需要在不同的研发项目之间分配。审计人员在审计过程中，应注意收集企业研发设备的清单，并分析这些设备是否为研发所用，同时，对于企业在不同的研发项目之间的分配方法应审核其合理性。最常见的分配方法是按照研发人员的参与人次比例进行分配,该方法基本合理,因为研发设备的使用需要研发人员操作。审计人员要注意收集企业提供的工时表,注意审查分配表的真实性和合理性。

如果企业没有购置专门的研发设备,而是使用生产设备进行研发,审计人员一定要注意研发折旧分配的合理性。与在不同研发项目之间进行分配有相似性。

研发折旧中的特殊情况就是建筑物的折旧。如果企业是独立的研发大楼,直接将研发大楼的折旧计入研发折旧即可。但是如果研发部和其他部门共用办公楼,这时就需要将建筑物的折旧进行分配。常见的分配方法就是根据研发部的建筑面积占总建筑面积的比例进行分配。审计人员要注意核实建筑面积的真实性和准确性。

被审计单位的常见错误:计提的折旧中混入了一些生产、管理用设备的折旧;分摊的建筑物折旧直接以固定比例简单分配,无支撑依据。

对于不合理的研发折旧费用,要加以剔除。

4)无形资产摊销费用。无形资产摊销费用是指用于研究开发活动的软件、知识产权、非专利技术(专有技术、许可证、设计和计算方法等)的摊销费用。

无形资产摊销费用的审计难点与折旧费用相似,不再赘述。

被审计单位存在的常见错误:将特许权使用费计入了研发费;无形资产摊销到与之关联度不高的研发项目。

以上两种情形,都不应属于研发费的范围,应该剔除。

5)设计费用。设计费用是指为新产品和新工艺进行构思、开发和制造,进行工序、技术规范、规程制定、操作特性方面的设计等发生的费用。其包括为获得创新性、创意性、突破性产品进行的创意设计活动发生的相关费用。

设计费用一般为委托外部单位对企业研发项目进行的设计，需要根据相应的发票入账。且设计费一般可以直接对应研发项目，不需要分摊。审计人员在审计的过程中需注意发票的名目，并与设计单位签订的相关合同对照，审核设计费的真实性与准确性。

部分企业由企业内部人员设计，在这样的情形下，支出的设计费与人员人工费用重合，故直接计入人员人工费用即可，不用单独计入本科目。

被审计单位存在的常见错误：将委外研发全额计入了本科目；支出内容与人员人工费用科目存在重合。

针对以上情形，审计人员应注意审查相关原始凭证，剔除不合理的研发费。

6)装备调试费用与试验费用。装备调试费用是指工装准备过程中研究开发活动所发生的费用，包括研制特殊、专用的生产机器，改变生产和质量控制程序，或制定新方法及标准等活动所发生的费用。

为大规模批量化和商业化生产所进行的常规性工装准备和工业工程发生的费用不能计入归集范围。

试验费用包括新药研制的临床试验费、勘探开发技术的现场试验费、田间试验费等。

在实务中，该项研发费一般直接对应某个研发项目，不存在分摊的情况，审计人员直接根据相关的原始凭证审核计入的研发项目及金额是否真实准确。

被审计单位常见错误:未能与大规模批量化和商业化生产所进行的常规性工装准备费用相区别,随意按照一定比例计入研发费。

7)委托外部研究开发费用。委托外部研究开发费用是指企业委托境内外其他机构或个人进行研究开发活动所发生的费用(研究开发活动成果为委托方企业拥有,且与该企业的主要经营业务紧密相关)。委托外部研究开发费用的实际发生额应按照独立交易原则确定,按照实际发生额的80%计入委托方研发费用总额。

委托外部研究开发费用一般直接对应某个研发项目,不存在分摊的情况。审计人员需要收集相关的合同、发票及付款凭证认定其真实性。

被审计单位常见错误:研发合同未明确约定研发成果归委托方所有;关联单位之间为了增加被审计单位的研发费总额,虚拟委外协议;填报数据时未按80%折算。

第一和第三种情况,审计人员根据形式审查就可以找出错误,但是第二种情形就会比较复杂,如果两个企业之间串通舞弊,注册会计师的风险就会比较大,因此,在审计的过程中还要注意收集被审计单位关联企业的相关信息。

8)其他费用。其他费用是指上述费用之外与研究开发活动直接相关的其他费用,包括技术图书资料费,资料翻译费,专家咨询费,高新科技研发保险费,研发成果的检索、论证、评审、鉴定、验收费用,知识产权的申请费、注册费、代理费,会议费、差旅费、通信费等。此项费用一般不得超过研究开发总费用的20%,另有规定的除外。

其他费用如果可以直接归属于某个项目,就不需要分配。但是部分费用可能需要分配。例如,专家咨询费,如果同时咨询几个项目,这时就需要在不同的项目之间进行分配,审计人员需要审查分配方法的合理性。在实务中,可以根据专家工作的时间进行分配。

被审计单位的常见错误:将《高新技术企业认定管理工作指引》的通知(国科发火〔2016〕195号)中规定的其他费用以外的费用计入了研发费。

审计人员应注意,超出上面列举的范围的应该剔除,且其他费用总额不得超过研发费总额的20%,如果超过,也要审减。

(2)高新收入专项审计。根据《管理办法》的规定:近一年高新技术产品(服务)收入占企业同期总收入的比例不低于60%。

根据《高新技术企业认定管理工作指引》的通知(国科发火〔2016〕195号)的规定:主要产品(服务)的收入之和在企业同期高新技术产品(服务)收入中超过50%的产品(服务)。

因此,对高新收入进行审计,必须先明确两个概念,即高新技术产品(服务)和主要产品(服务)。

高新技术产品(服务):高新技术产品(服务)是指对其发挥核心支持作用的技术属于领域目录(国科发火〔2016〕32号文件有明确规定)规定范围的产品(服务)。

主要产品(服务):高新技术产品(服务)中,拥有在技术上发挥核心支持作用的知识产权的所有权的产品(服务)。

即企业的高新收入必须同时满足两个条件,第一是高新技术产品(服务)收入占企业同期总收入的比例不低于60%,第二主要产品(服务)收入之和在企业同期高新技术产品(服务)收入中超过

50%。下面从这两个方面展开叙述。

第一步:高新技术产品(服务)。

1)高新技术领域的确定。审计人员在审计过程中,首先需要向企业技术部门人员了解企业的主要产品,以及对主要产品发挥核心支持作用的技术,这时需要与企业的技术人员进行讨论,请他们提供必要的资料,以及提供企业属于高新技术产品的产品清单,审计人员需要判断这些产品是否属于国家重点支持的高新技术领域,必要时需要借助专家的判断。

国家重点支持的高新技术领域共包含八大领域,具体包括电子信息、生物与新医药、航空航天、新材料、高技术服务、新能源与节能、资源与环境、先进制造与自动化。以上列举的只是一级目录,在审计的过程中,必须找到对应的四级目录。

举例说明,某企业主要为客户定制太阳能热利用系统,那么产品归属的高新技术领域可以表示:第六类新能源与节能——(一)可再生清洁能源——1.太阳能——太阳能热利用技术。其中,一级目录:第六类新能源与节能;二级目录:(一)可再生清洁能源;三级目录:1.太阳能;四级目录:太阳能热利用技术。如果能找到前三级,但是不能找到第四级,那么也不属于高新技术产品。

2)高新技术产品(服务)收入金额的确定。审计人员应根据被审计单位设置的营业收入分类明细账,对照技术人员提供的高新技术产品清单,找出属于高新技术领域的产品。

审计人员应根据营业收入分类明细账,抽查相关的原始凭证,审核发票名称是否与明细账相符,产品是否属于高新技术产品(服务),如果混入了不属于高新技术产品(服务)的其他产品(服务),

需要剔除。在剔除非高新技术产品(服务)之后,进行加总合计,该金额就属于企业的高新技术产品(服务)的总金额。

在实务中,部分企业未设置营业收入分类明细账,审计人员就只能根据营业收入明细账逐笔查看,根据销售发票名称,确认产品是否属于高新技术产品(服务),然后进行加计汇总,该金额为企业高新技术产品(服务)收入的金额。

3)高新技术产品(服务)收入占企业同期总收入比例的确定。在确定了高新技术产品(服务)的总金额之后,审计人员需要确定企业同期总收入的金额。

总收入是指收入总额减去不征税收入。

总收入:根据《企业所得税》第六条规定:企业以货币形式和非货币形式从各种来源取得的收入,为收入总额。总收入包括销售货物收入;提供劳务收入;转让财产收入;股息、红利等权益性投资收益;利息收入;租金收入;特许权使用费收入;接受捐赠收入;其他收入。

不征税收入:根据《企业所得税》第七条规定:收入总额中的下列收入为不征税收入:财政拨款;依法收取并纳入财政管理的行政事业性收费、政府性基金;国务院规定的其他不征税收入。

以上是关于相关收入的规定,在实务中,企业最常见的收入总额一般等于营业收入(主营业务、其他业务收入之和)、投资收益、营业外收入之和。

审计人员用高新技术产品(服务)的总金额除以收入总额,即为高新技术产品(服务)收入占企业同期总收入的比例。

第二步:主要产品(服务)。

1)主要产品(服务)的确认。在确定了企业的高新技术产品(服务)的基础上,审计人员再确认主要产品(服务)。

审计人员在了解了对高新技术产品(服务)发挥核心支持作用的技术的基础上,审计人员需要将这些技术与企业取得的自主知识产权对应,确定企业是否已经取得了相关的知识产权。这时需要与企业的技术部门人员讨论,由他们提供企业主要产品(服务)清单,审计人员需要对该清单做出判断,必要时要借助专家的判断。

2)主要产品(服务)收入金额的确定。审计人员在确认主要产品(服务)清单的基础上,根据企业的营业收入分类明细账,抽查相关的原始凭证,销售发票及销售合同的名称确认是否为主要产品,在此基础上进行汇总,即可得出企业主要产品(服务)收入的金额。

3)主要产品(服务)收入占企业同期高新技术产品(服务)收入比例的确定。在确认主要产品(服务)收入金额及高新技术产品(服务)收入金额的基础上,用主要产品(服务)收入除以高新技术产品(服务)收入,即为该比例。

2. 综合性调整会计分录及试算平衡

经过注册会计师审计,发现B新能源有限公司在研发费归集方面存在以下问题。

(1)超范围归集研发费,将高新审计费计入了研发费,改支出不属于研发费的核算范围,应调减。

(2)跨期确认研发费。将一张发票时间为2012年的研发费支出发票计入了2014年,应调减。

3. 项目中重大事项沟通及反馈意见记录

项目中重大事项沟通及反馈意见记录见表6-16。

表 6-16　重大事项沟通及反馈意见表

单位名称:B新能源有限公司　编制人:×××　日期:2017年6月26日

<table>
<tr><td>时　间</td><td>2015.11.10</td><td>客户单位参加人员</td><td></td></tr>
<tr><td>地　点</td><td>该公司会议室</td><td>本项目执业人员</td><td></td></tr>
<tr><td colspan="4">需要沟通的重大事项及反馈意见:
1.超范围归集研发费,将高新审计费计入了研发费,改支出不属于研发费的核算范围,应调减。
2.跨期确认研发费。将一张发票时间为2012年的研发费支出发票计入了2014年,应调减。
项目经理签字:　________年________月________日</td></tr>
<tr><td colspan="4">客户单位对重大事项沟通认可意见:同意进行调整
部门经理签字:　________年________月________日</td></tr>
</table>

4.审计初稿的沟通记录

审计初稿的沟通记录见表6-17。

表 6-17　审计初稿沟通记录

编制人:　日期:2017年6月27日

<table>
<tr><td>单位名称</td><td>B新能源有限公司</td><td>单位人员</td><td></td></tr>
<tr><td>项目名称</td><td>高新技术企业复审专项审计</td><td>沟通方式</td><td>电子邮件</td></tr>
<tr><td colspan="4">2017年6月27日将审计报告初稿以电子邮件方式传送给湖北三峡新能源有限公司××,该同志于6月27日表示对初稿无异议,可以出具正式报告。
项目经理签字:　________年________月________日</td></tr>
</table>

(五)审计总结及复核,出具正式审计报告

1.审计工作小结

审计工作小结见表6-18。

表 6-18 审计小结

<table>
<tr><td>客户名称</td><td>B新能源有限公司</td></tr>
<tr><td>项目名称</td><td>高新技术企业复审专项审计</td></tr>
<tr><td colspan="2">1.对现场审计过程的描述
审计小组于2017年6月2日进入该公司开始现场审计工作，当天上午与该公司财务负责人、技术负责人召开调查座谈会，初步了解了被审计单位专利、立项、高新产品所属的技术领域、研发费用、高新产品收入填报等与高新企业申报有关的情况，并查阅了相关资料，据此制定了工作计划及工作进度安排，明确各部门需完成的申报资料及资料提供与填报进度安排。2017年6月2日—26日审计小组对该公司编制的2014—2016年研发费用明细表及2016年高新产品收入明细表进行了核实，审阅了与本次专项审计相关的会计资料及原始凭证、合同、立项书、专利证书等原件，审计人员按《高新技术企业认定管理工作指引》对研发费用的归集进行了适当调整，抽查了相关会计凭证及资料，并获取了部分支撑件，在收集了充分的证据资料后准备于2017年6月27日出具专项审计报告</td></tr>
<tr><td colspan="2">2.审计中发现的重大会计事项及处理
无</td></tr>
<tr><td colspan="2">3.信息沟通与反馈意见
无</td></tr>
<tr><td colspan="2">4.执行审计计划的情况(若遇变更应说明原因)
无特殊事项，按计划执行</td></tr>
<tr><td colspan="2">5.项目负责人对执业质量的综合评价
审计人员的专业能力和独立性符合本项目的要求，实施的审计程序能满足本项目的审计策略与计划，审计人员的执行过程中的判断具有合理性，数据分析具有逻辑性，审计意见具有客观、公正性
项目经理签字：　　　　　　　　________年________月________日</td></tr>
</table>

2. 审计底稿三级复核核对表

审计底稿三级复核核对表见表6-19。

表6-19 业务复核核对表(三级复核)

单位名称:B新能源有限公司

项目名称:高新技术企业复审专项审计

一、项目负责人复核

复核事项	是	否	不适用	备注
1. 是否已复核审计计划,以及导致对审计计划作出重大修改的事项?	√			
2. 是否已复核重要的财务报表项目?	√			
3. 是否已复核特殊交易或事项,债务重组、关联方交易、非货币性交易、或有事项、期后事项、持续经营能力等?	√			
4. 是否已复核会计政策、会计估计的变更?	√			
5. 是否已复核重大事项概要?		√		
6. 是否已复核建议调整事项?		√		
7. 是否已复核管理层声明书、股东大会、董事会相关会议纪要、与客户的沟通记录及重要会谈记录、律师询证函复函等?	√			
8. 是否已复核审计小结?	√			
9. 是否已复核审计财务报表和拟出具的审计报告?	√			
10. 实施复核后,是否可以确定下列事项:				
(1) 审计工作底稿有没有提供了充分、适当的记录,作为审计报告的基础?	√			

续表

复核事项	是	否	不适用	备注
(2)是否按照中国注册会计师审计准则的规定执行了审计工作?	√			
(3)对重大错报风险的评估及采取的应对措施是否是恰当的?针对存在特别风险的审计领域,是否设计并实施了针对性的审计程序,且得出了恰当的审计结论?	√			
(4)作出的重大判断是否恰当合理?	√			
(5)提出的建议调整事项恰当,相关调整分录是否正确?		√		
(6)未更正错报,无论是单独还是汇总起来对财务报表整体是否具有重大影响?		√		
(7)已审计财务报表的编制符合企业会计准则的规定,在所有重大方面是否公允反映了被审计单位的财务状况、经营成果和现金流量?	√			
(8)是否按照中国注册会计师审计准则的规定发表了恰当的审计意见?拟出具的审计报告措辞是否恰当	√			

项目负责人签字:×××　　　　日期:2017年6月27日

二、部门负责人复核

复核事项	是	否	不适用	备注
1. 对项目负责人复核的内容是否予以认可。	√			
2. 实施复核后，是否可以确定：				
(1)是否对项目经理实施的复核结果满意？	√			
(2) 对重大错报风险的评估及采取的应对措施是否是恰当的？是否针对存在特别风险的审计领域，设计并实施了针对性的审计程序，且得出了恰当的审计结论？	√			
(3) 项目组作出的重大判断是否恰当合理？	√			
(4)提出的建议调整事项是否恰当？未更正错报，无论是单独还是汇总起来对财务报表整体是否均不具有重大影响？	√			
(5)已审计财务报表的编制是否符合企业会计准则的规定？在所有重大方面是否公允反映了被审计单位的财务状况、经营成果和现金流量？	√			
(6)拟出具的审计报告措辞是否恰当？是否已按照中国注册会计师审计准则的规定发表了恰当的审计意见	√			

部门负责人签字：×××　　　　日期：2017 年 6 月 27 日

三、主任会计师或质量技术总监复核

复核事项	是	否	不适用	备注
1.项目质量控制复核之前进行的复核是否均已得到满意的执行?	√			
2.是否已复核项目组针对本业务对本所独立性作出的评价,并认为该评价是恰当的?	√			
3.是否已复核项目组在审计过程中识别的特别风险以及采取的应对措施,包括项目组对舞弊风险的评估及采取的应对措施,认为项目组作出的判断和应对措施是恰当的?	√			
4.是否已复核项目组作出的判断,包括关于重要性和特别风险的判断,认为这些判断恰当合理?	√			
5.是否确定项目组已就存在的意见分歧、其他疑难问题或争议事项进行适当咨询,且咨询得出的结论是恰当的?		√		
6.是否已复核项目组与管理层和治理层沟通的记录以及拟与其沟通的事项,对沟通情况表示满意?	√			
7.是否认为所复核的审计工作底稿反映了项目组针对重大判断执行的工作,能够支持得出的结论?	√			
8.是否已复核审计后的财务报表和拟出具的审计报告,认为审计后的财务报表符合企业会计制度的规定,拟出具的审计报告已按照中国注册会计师审计制度的规定发表了恰当的审计意见	√			

主任会计师签字:　　　　　　　　　　日期:2017 年 6 月 27 日

3. 审计工作完成情况核对

审计工作完成情况核对见表 6-20。

表 6-20　审计工作完成情况核对表

单位名称：B 新能源有限公司　　编制人：______　　日期：2017 年 6 月 27 日

序号	审计工作	是	否	不适用	备注
1	是否签订审计业务约定书？	√			
2	是否制定审计计划？	√			
3	审计计划制定过程中，是否了解被审计单位及其环境并评估重大错报风险，包括舞弊风险？	√			
4	是否召开项目组会议？	√			
5	审计计划是否经适当人员批准？	√			
6	是否与被审计单位就审计计划相关事宜进行沟通？	√			
7	计划的审计程序是否得到较好执行，对计划的修改是否得到记录？	√			
8	是否已获取所有必要的来自银行、律师、债权人、债务人、持有存货的第三方等外部机构的询证函回函或确认函？			√	
9	所有重要实物资产是否均已实施监盘？	√			
10	当涉及利用其他注册会计师或专家的工作时，对其他注册会计师或专家的工作结果是否满意？			√	

续表

序号	审计工作	是	否	不适用	备注
11	计划执行的各项审计程序是否全部执行完毕,未能执行的审计程序是否实施了替代审计程序?	√			
12	审计范围是否受到限制?		√		
13	是否对风险评估结果进行复核,已确定其是否仍然适当?如果应当修正风险评估结果,是否为已修改?是否同步修改计划实施的进一步审计程序?			√	
14	是否恰当应对在审计过程中识别的舞弊导致的重大错报风险?	√			
15	是否审查期后事项,并考虑对财务报表的影响?			√	
16	是否审查或有事项,并考虑对财务报表的影响?			√	
17	是否审查关联方及关联方交易,并考虑对财务报表的影响?	√			
18	是否审查对被审计单位持续经营能力具有重大影响的事项?	√			
19	是否已就审计中发现的重大错报及其他对财务报表产生重大影响的重大事项与适当层次的管理层或治理层沟通?			√	
20	是否在审计结束时或临近结束时对财务报表进行总体复核?	√			

续表

序号	审计工作	是	否	不适用	备注
21	是否召开项目组会议，并确定建议调整事项和试算平衡表草表？			√	
22	是否编制重大事项概要，是否所有重大事项均已得到满意解决？			√	
23	是否与被审计单位就建议调整事项进行沟通，并经被审计单位确认？			√	
24	董事会或管理层是否接受已审计财务报表？	√			
25	项目负责经理是否已复核工作底稿？	√			
26	项目负责合伙人是否已复核工作底稿？			√	
27	是否已完成项目质量控制复核？	√			
28	是否已取得经签署的管理层声明书原件，并确定其签署日期与审计报告日期一致？	√			
29	是否完成审计小结？	√			
30	是否核对全部的审计工作底稿同意归档？	√			

三、案例小结

B新能源有限公司审计案例为专项审计案例，在该案例中，采用了详细审计，原因在于该公司规模较小，研发费和收入发生额不是很大，采用详细审计具有可行性。虽然是采用了详细审计的方式，但是审计过程仍然存在一定缺陷，那就是对高新技术产品的判断存在很强的主观性。

第三节　A 会计师事务所运用风险导向审计存在的问题及原因分析

一、A 会计师事务所运用风险导向审计存在的问题

(一)审计流程的设计方面

1. 业务承接评价时间不合理

从形式上看,A 会计师事务所业务承接评价放在了企业调查和审计风险评估程序之后。此时,审计人员已经进入现场实施了风险评估程序和控制测试,现在再来评价是否承接该业务,明显存在逻辑上的矛盾。

2. 控制测试安排时间不合理

控制测试属于风险应对方式之一,但是 A 会计师事务所将这项程序放在了风险评估程序之前,明显将控制测试程序作为评估风险的方式,而不是应对风险的方式,前后倒置了。

(二)审计程序的执行方面

1. 内控测试无充分证据

内控测试安排在审计风险评估程序下执行,在实际执行过程中,仅限于和被审计单位开会沟通,以及向被审计单位相关人员询问,然后填制内控测试表,这样就直接下结论确定内部控制的有效性,其实并未获得有关内部控制有效性的证据,更谈不上对控制风险的有效评估。

2. 项目风险评估汇总流于形式

项目风险评估汇总安排在企业调查、内控测试和财务报表分

析之后，仅限于对固有风险、控制风险和检查风险进行低、中、高的评价，具有很强的主观性，且在进行评价之前仅限于对被审计单位内部财务资料的了解，没有涉及企业外部资料的收集，该评价就属于流于形式，无法真正起到风险评估应有的作用。

二、原因分析

(一)外部原因分析

(1)客户规模较小，内部控制本身不完善。由于小型会计师事务所的客户都是非上市公司，且大多是属小型企业，对内部控制不是很重视，因此，其内部控制制度建设不完善，且执行过程也不严格。同时，控制测试程序即使执行，也不会减少实质性测试的工作量，所以，很多小型事务所直接跳过了控制测试，仅对内部控制进行简单了解。

(2)市场环境导致小型会计师事务所之间竞争非常激烈，收费较低，为了降低成本，很多成本较高的审计程序无法执行。在小型会计师事务所，实施最多的审计程序就限于查看凭证，类似于函证、盘点等成本较高的审计程序，基本很少使用。

(3)由于小型会计师事务所客户主要是非上市企业，风险较小。由于非上市企业所受的关注较小，因此小型会计师事务所面临的风险较小，审计风险不太重视，因此，更不会重视审计程序的执行。

(4)行业协会对小型会计师事务所的监管力度相对较弱。中国注册会计师协会重点关注的对象是具有证券资格的会计师事务所，因为上市公司的公众关注度更高，社会影响更大，因此，相对而言，对小型会计师事务所的监管稍稍弱点，中注协对各地小型事务所的执业检查并非每年都有，而是相隔几年才会进行一次，因此，小型会计师事务所就可能会放松警惕，平时不太重视对审计过程的监督，而是等到要检查时临时抱佛脚，集中整理工作底稿，以应付检查。

（二）内部原因分析

1. 小型会计师事务所组织形式大多还是有限责任形式

我国小型会计师事务所还存在大量的有限责任公司形式，这是历史的产物，其存在有一定的合理性。但是，不可否认，有限责任形式的会计师事务所大大弱化会计师事务所和注册会计师的责任，导致会计师事务所的风险意识不是特别强，因此，对审计风险的评估就只是流于形式，而没有认真执行。

2. 注册会计师的知识背景单薄

风险评估程序运用较多的程序是分析程序，在大数据的背景下，执行分析程序需要用到数理统计方面的知识，但是，小型会计师事务所的注册会计师一般是财会专业出身，一般不具备这样的知识背景，因此，实施风险评估程序，存在一定难度。

3. 小型会计师事务所从业人员较少，三级复核很难真正贯彻

按照三级复核的要求，二级质量复核工作应有专人负责。但是在小型会计师事务所中，由于人员较少，业务多的时候，需要全员参与审计项目，很难有固定人员实施二级复核。同时，一个项目就只有一位审计人员，一级复核工作也是很难执行到位。

本章通过对B新能源有限公司审计案例分析，将A会计师事务所的审计流程进行了介绍。然后对A会计师事务所运用现代风险导向审计存在的问题及原因进行了分析。

第七章　提高我国小型会计师事务所审计质量的对策

第一节　我国注册会计师审计质量现状及原因分析

根据《中国注册会计师协会会计师事务所执业质量检查通告(第十五号)》，2016年，各省级注协共组织检查人员705名，检查事务所1 248家，抽查业务项目8 363个，其中，财务报表审计业务项目6 119个，验资业务项目1 150个，其他专项审计业务项目1 094个。

2016年，各省级注协依据中注协《中小会计师事务所执业质量检查手册》，结合本地区行业发展情况，继续坚持风险导向检查理念和“五个并重”原则，扎实开展检查工作，以事务所质量控制体系设计和运行情况、业务项目质量以及事务所自查报告反映的问题为主要内容，突出检查重点，注重检查实效。

从检查总体情况看，多数事务所能够遵循业务准则和职业道德守则，系统风险防范意识和执业水平有所增强，执业行为有所规范。

检查中也发现，部分中小事务所未能充分贯彻风险导向审计理念，存在质量控制体系设计不适当或不全面，未得到执行或执行不到位，特别是业务质量控制复核流于形式等现象。在业务执行过程中存在未保持合理的职业怀疑态度，对重大的交易、账户余额及列报实施的审计程序实施不到位，获取的审计证据不够充分、适当，审计证据不能有效支持审计报告的意见类型等问题。

2016 年，各省级注协（除海南省外）按有关规定对存在问题的 83 家事务所和 202 名注册会计师实施了行业惩戒。其中，给予 12 家事务所和 12 名注册会计师公开谴责；给予 45 家事务所和 88 名注册会计师通报批评；给予 26 家事务所和 102 名注册会计师训诫。

根据以上 2016 年度的执业质量检查报告，我们可以发现，虽然在外界压力的促使下，注册会计师审计的质量有所提升，但是，部分中小事务所未能充分贯彻风险导向审计理念，存在质量控制体系设计不适当或不全面，未得到执行或执行不到位，特别是业务质量控制复核流于形式等现象，注册会计师在业务执行过程中未保持合理的职业怀疑态度，因此，严重影响了审计质量，有 83 家事务所和 202 名注册会计师被实施了行业惩戒。提高注册会计师的审计质量是一个永远在路上的事项。

第二节　会计师事务所形式的演进历程

一、英、美国家会计师事务所形式的演进历程

会计师事务所是注册会计师依法承办业务的机构。其主要组织形式有四种:独资、普通合伙制、有限责任公司制、有限责任合伙制。主要以英国和美国的会计师事务所组织形式演进历程为例,这两个国家属于注册会计师行业发展较早的且比较发达的国家,见表7-1和表7-2。

表7-1　英国会计师事务所组织形式演进①

1845年	修改《公司法》,规定公司账目必须经外部人员审计
1853年	爱丁堡会计师协会成立,标志着注册会计师职业的诞生
1989年以前	个人独资和普通合伙制组织形式
1989年	修改《公司法》,允许会计师事务所采用公司制组织形式
2000年	开始实施《有限责任合伙法》

表7-2　美国会计师事务所组织形式演进①

20世纪60年代以前	个人独资、普通合伙制组织形式
1969年	允许采取专业公司组织形式
1991年	通过《有限责任合伙法》
1995年	主要会计师事务所完成从普通合伙到有限责任合伙转制

①王朝阳.会计师事务所组织形式研究综述与展望[J].湖南社会科学,2012,(4).

(一)独资事务所和普通合伙制事务所

独资事务所,即由具有注册会计师执业资格的个人独立开业,并承担无限责任的组织。由于对执业人员的需求不多,因而容易设立,执业灵活,在代理记账、代理纳税等方面很好地满足企业对注册会计师业务的需求。但由于其固有的局限性,它无力承担大型业务,缺乏发展后劲。

普通合伙制事务所,即由 2 名及以上注册会计师组成的合伙组织。合伙人以各自的财产对事务所的债务承担无限连带责任的组织。其优点:在风险牵制和共同利益的驱动下,促使事务所强化专业发展,扩大规模,提高规避风险的能力。其缺点:任何一个合伙人在执业中的错弊行为,都可能给整个事务所和其他合伙人带来灭顶之灾。

1. 英国历程

长期以来,英国注册会计师的选择是个人独立执业或者合伙执业的形式,而坚决地排斥以公司的方式进行运作,哪怕因此而承担个人的无限责任。这似乎是会计师们为树立一个权威而公正的专业人士形象、为追求一个独立的职业地位而自愿承受的代价。与公司的出资人对公司债务仅承担出资范围内的有限责任相比,不论是合伙还是个人事务所,都意味着作为出资人的会计师要对事务所的债务承担个人无限责任。当事务所的财产不足以偿付对外的债务或责任时,事务所的出资人或合伙人就要从自己的口袋里掏出钱来。这一惯例在会计职业的道德守则中被确定下来,会计师合伙执业成了法律的强制性规定。

在英国合伙法的传统规则中,合伙人的数目限制在 20 人以内。因为，合伙人之间既然能够彼此设定义务，而且最终连带承担责任，就需要相互之间是熟悉了解的，人数不能太多。但是，会计师行、律师行等专业组织的发展，早已突破 20 人的界限，为此英国合伙法为适应这种现实，取消了对专业性合伙 20 名合伙人的限制，但法律责任的配置并没有相应地调整。实际上，对于合伙人为上百人的会计师事务所而言，管理结构与一个公司几乎没有任何区别，而这样庞大的组织结构与合伙法律责任的基础理念并不相符。20 世纪 70 年代以后，会计职业的法律诉讼的频繁爆发，动摇了会计师对合伙与个人执业方式的一些看法。一个大会计师行或律师行的合伙人为其他并不相识的合伙人的过错承担责任，这种不合情理之处使传统的合伙组织形式开始遭到猛烈抨击。80 年代末，会计师们就开始了限制合伙人过大的法律责任风险的努力，其中之一就是将会计师行从合伙改制为公司。

2. 美国历程

1866 年，美国历史上第一个合伙制会计师事务所 Veysey & Veysey 会计师事务所在纽约宣告成立，随后在辛辛那提、芝加哥等地也成立了一些早起的合伙制会计师事务所。到 19 世纪，美国的注册会计师采取公司的形式执业是比较普遍的，称为“审计公司”或“查账公司”。这些审计公司中，既有全体股东均由执业的会计师充任的，也有不具有注册会计师身份的普通投资人参与出资的。这样，专业组织公司化经营具有过强的“商业”色彩，大多数会计师认为这不利于会计师在社会上建立自己作为专业人士的职业形象。因此，20 世纪初，美国注册会计师协会的前身——美国会计师协会就呼吁抵制公司化的运作方式，美国一些州也通过了立法，禁止注册会计师组建公司,同时禁止公司以注册会计师的名义进行业务。1938年,美国注册会计师协会颁布的职业守则中,确认了禁止会计师事务所以公司化运作的规则。从此,在美国,合伙不仅成为会计师执业活动唯一的制度选择,而且合伙中蕴蓄的成员平等、合作与个人责任也深深地铸入了会计师的职业道德观念中。

第二次世界大战以后,由于技术的进步以及税收制度、法律环境的变化等方面的原因,美国注册会计师协会的公司化禁令遭到前所未有的挑战。首先,随着计算机技术的发展,在20世纪50年代出现了专门性的数据处理设备。会计师采用这些设备处理审计数据,可以在会计数据整理方面节省大量人工,显著地提高审计效率。但引进这些技术装备的成本太高,而一个合伙制的会计师行并无足够的资金积累来负担这一成本;且无论哪一家会计师行引进这种设备,在经济上都并不合算,因为任何一家会计师行的小业务量并不需要设备的强大的数据处理能力,审计效率的提高并不能带来经济效益的增长。因此,一些会计师行希望组建专门的公司,由这些独立的公司拥有这些设备,为各会计师事务所提供数据处理服务。

瓦解公司化禁令的第二股力量来自税收的考虑。通常来说,合伙的单一税制是其相比于公司的一个显著优势,但是,美国在第二次世界大战后建立的雇员退休福利计划中,合伙这种组织形式却暴露出较大劣势。因为,公司为雇员拨付的退休金准备一方面在公司的所得税前扣除,另一方面也不计入雇员的应税收入,公司的管理层在税法上也被视为雇员。但是,在合伙的情形下,由于只有合伙人一个环节的所得税,而且合伙人在税法上不视为合伙的雇员，因此，合伙为合伙人拨付或建立的退休金准备无法在税前抵扣，只能全部计入合伙人个人所得税的应税税基。这引起了包括会计师、律师、医生在内的专业人士的强烈不满。他们在一些州推动州议会通过立法，许可专业人士组建专业服务公司（Professional Corporation，P. C.）或“专业服务联合体”（Professional Service Association），使合伙人则转变为公司的雇员。

最终瓦解美国注册会计师协会对公司化的敌视态度的，是美国60年代后期出现的几起针对会计师的重大诉讼。巴克雷斯建筑公司案（BarChris）、耶鲁捷运公司案（Yale Express）、大陆售货公司案（Continental Vending Co.）这三大案件，不仅确立了会计师因证券发行中的虚假报告而需要承担民事赔偿责任，更令会计师首次尝到了刑事责任的滋味。以美国注册会计师协会主席为首的八位最有声望的业内人士提供的专家证言，也未能改变刑事制裁的命运。在这些案件中，审计准则的脆弱地位，原告提出的巨额索赔金额，法官、陪审团的态度以及美国证券委员会“杀一儆百”的方式，都令会计职业界大为震惊：会计师的全部身家财产可能因为一个疏忽就灰飞烟灭。

为了给会计师提供保护，美国注册会计师协会于1969年紧急修改了《职业道德守则》，允许会计师事务所在遵守职业道德守则所确立的限制条件下，改制为公司形式开展审计以及其他业务。公司化的禁令虽然解除了，但是传统的公司法框架却并没有提供一个特别适合会计师事务所需要的模式。

（二）有限责任公司制事务所

有限责任公司制事务所，即由注册会计师出资设立，并以其认购股份对事务所承担有限责任，事务所以其全部财产对其债务承担有限责任的组织。其优点：可通过股份制形式集聚一大批注册会计师，建立规模型大所，承办大型业务。缺点：降低了风险责任对执业行为的高度约束，弱化了注册会计师的个人责任。

1. 英国历程

1989 年，英国修改了《公司法》，认可承担公司年度审计任务的会计师行可以采取公司的组织形式，从而消除了会计师行公司化改制的法律障碍。

1996 年，英国一家老牌会计师行 BDO Binder Hamlyn 被判决向因依赖其高估资产价值的审计报告而进行了收购的收购方赔偿 6 500 万英镑。由于 BDO Binder Hamlyn 的职业保险金只有 3 100 万英镑，因此 3 400 万英镑的缺口就只能由该所的 150 余位合伙人来共同承担，每位合伙人平均为此付出 20 万英镑。或许是 BDO Binder Hamlyn 案给会计职业的刺激太大，1996 年，毕马威会计师行的合伙人投票赞同公司化改制，开当时六大会计师行改制之先河，将上市公司审计业务剥离出去，组建了“毕马威审计有限责任公司”，但从事非上市公司审计业务以及非审计业务的人员依然保留在原来的合伙中。保留原来的合伙是因为，英国的《公司法》对于组建公司有一套限制性规定，如①对公司的内部结构和管理有严格的程式；②公司需要承担较合伙更重的税负，专业人士收入在所得税、资本利得都存在双重税负，且公司董事和雇员的社会保险金比合伙人缴纳的要高；③公司应向注册官申报财务报表；④公司应接受审计；等等。因此，选择公司化规避法律责任，会计师要付出很高的成本。

会计师行改制为公司招致了公众的反感情绪。在毕马威将上市公司审计业务分拆改制为公司后，英国一家管理着 65 亿英镑资产的基金——英国钢铁退休基金就明确表示，其所投资的公司不得聘请毕马威进行年度审计。该基金管理人认为，公司化以及合伙人责任的减轻可能会降低会计师行内部保持足够的职业谨慎、保证审计质量的动力。

公司化改制的高昂成本、公众的压力，特别是公司的商业色彩、组织结构与专业人士传统理念和活动方式之间的差异，导致各大会计师行打消了公司化改制的念头。于是，在公司化禁令解除后的 10 年中，会计师行对公司制改革并不积极，英国 8 000 多家会计师行中只有 100 家改制为公司。

2. 美国历程

在专业人士的大力推动下，1977 年，怀俄明州颁布了美国第一个《有限责任公司法》，许可一个或一个以上的人（包括法人）设立有限责任公司，从而在美国企业组织法律制度中增加了一个新的概念——有限责任公司（Limited Liability Company，LLC）。与我国以及绝大多数西方国家《公司法》上的“有限责任公司”的概念完全不同，美国法下的“有限责任公司”糅合了公司的独立性与合伙的灵活性双重优点，既保持了出资人对公司债务的独立性，同时又在公司内部事务管理方式上拥有多种选择，因此被公认是一种受到法律限制最少的组织形式，最适合小企业的需要。1988 年，美国税务当局裁决有限责任公司在符合某些条件时可以免纳公司所得税，从而消除了有限责任公司税法地位的不确定性，这一组织形式迅速在美国各州蔓延开来，成为新设企业中最流行的组织形式。

然而，有限责任公司并没有成为职业组织的新宠，尽管它是在专业人士的大力推动下出现的。究其原因，一方面，专业人士长期以来习惯合伙经营下个人形象的塑造，对公司化仍然有一些排斥心理；另一方面，有限责任公司作为一种全新的企业形式，如此宽松的法律规则究竟会产生什么后果，尚无多少判例可资借鉴，缺乏普通合伙或公司组织形式的明确性和可预见性；尤其是采纳经理经营方式的有限责任公司，其成员的权益转让很可能被视为证券法上的“投资合同”，从而触发证券监管机构的干预，这更令专业人士望而却步。尽管如此，有限责任公司这一新的组织形式给人们观念上的冲击是巨大的，它标志着长期以来被人们视为神圣不可侵犯的一些法律原则动摇了，传统公司、合伙形式之间差别不再被视为不可逾越的鸿沟。

20 世纪 60 年末兴起的法律诉讼，解除了会计职业对公司化的最后一丝抵抗；而 80 年代末出现的储蓄与信贷协会危机（以下简称储贷协会危机）以及随之而来的诉讼爆炸，使传统合伙法中“无限连带责任制度”的弊端充分暴露在人们的面前，使合伙制度的改革提上了议事日程。

1992 年，美国亚利桑那州的一个陪审团，就普华会计公司在该州一家储蓄信贷协会中的审计过失，判决普华赔偿 3.38 亿美元。这一判决结果促使其他大会计师行与监管者达成了一揽子和解赔偿协议，安永支付了 4 亿美元，德勤付出了 3.12 亿美元，毕马威付出 1.86 亿美元。当时排名第七的 Laventhol & Horwath 会计师行则在风暴前夜宣布破产。由于这些会计师事务所都是普通合伙组织，在合伙财产不足偿还债务时，全体合伙人均被判决承担无限连带责任，包括那些未参与此类活动的完全无辜的合伙人。无辜的合伙人仅仅因为其合伙人的身份即要以自己个人的财产代人受过，这种严重的后果无疑显示了普遍合伙责任形式的弊端。储贷协会的破产震动美国会计行业，产生了对会计行业的巨大压力，因此，专业企业开始游说进行新的立法，希望合伙能像公司实体一样获得责任保护。

(三)有限责任合伙制事务所

有限责任合伙制事务所，即事务所以其全部资产对其债务承担有限责任，各合伙人对本人执业行为承担无限责任，但对其他合伙人执业行为只承担有限责任的组织。其最大特点：既融入普通合伙制和有限责任制事务所的优点，又摒弃它们的缺点。这种组织形式顺应社会经济发展对注册会计师行业的要求，于 20 世纪 90 年代初期兴起。

1.英国历程

1996 年 9 月，在普华、安永等会计师行的积极推动下，英属泽西岛颁布了《有限责任合伙法》，许可英国的专业人士在泽西岛注册为有限责任合伙。泽西岛的《有限责任合伙法》规定：有限责任合伙以其全部资产对合伙的债务（不论是合同债务还是侵权债务）承担责任；合伙人仅对直接由其行为引起的债务承担责任。但考虑到这种合伙责任的“有限性”，《有限责任合伙法》专门规定了对债权人的保护措施，包括：①有限责任合伙必须将一张 500 万英镑的负债证书交给一家泽西岛银行或者保险公司保管，当债权人因向合伙行使债权不能而需要清算合伙时，银行或保险公司就将该负债证书支付给债权人。②为了避免合伙人在清算前过度分派或提款,《有限责任合伙法》还创设了“资产取回”规则,即合伙人在合伙无清偿能力或者在此之前6个月内的提款,可以由合伙清算人取回。③考虑到有限责任合伙这种企业组织形式可能会被一些人滥用,泽西岛规定了注册审查制度,保留对专业组织注册为有限责任合伙进行实质审查的权力,审查的内容包括注册是否符合泽西岛的利益,申请注册人的规模、地位等。这说明有限责任合伙并不是一个提供给所有商业活动的组织形式,但英国的会计师行以及其他专业机构纷纷表示要到泽西岛注册。

1997年2月,英国政府公布了名为《有限责任合伙:面向专业人士的新的组织形式》的咨询文件,提出了有限责任合伙的立法草案,在法律界、会计职业界以及社会公众中都引起强烈反响。咨询文件开卷指出,引进有限责任合伙这种新的组织形式的基本目的,是在英国“建立有竞争力的、反映实际需要的商业活动的基本法律框架,提高英国专业人士的竞争力”。具体来说,这一立法草案旨在:①为专业人士提供一个有限责任的组织形式;②保留合伙制度的价值;③为与专业组织进行交易的第三方提供利益保障机制;④建立合伙的信息披露制度;⑤在清算时为债权人提供保护。所拟引进的“有限责任合伙”是一个类同于公司的独立法人,合伙人对合伙的债务不承担个人连带责任,但是,在税收地位和缴纳国民保险金方面,有限责任合伙视为普通合伙。各类专业合伙积极推动和参与了有限责任合伙的立法活动。

一方面是专业人士对一种有限责任的组织形式的渴望,另一方面是对有100多年历史的基本法律制度《合伙法》的改革,同时政府也试图在用有限责任安抚本国专业人士的同时,确立一些对专业人士的监管制度。这些完全不同的立法动机纠缠在一起，使有限责任合伙法草案成为一个大杂烩，也导致会计师、其他专业人士与法律学者对这一草案的征求意见过程中，在有限责任合伙的诸多具体规则问题上，充斥着激烈的争执。

有限责任合伙制度的核心是为合伙人消除了个人连带责任的威胁。然而，由于合伙缺乏公司法所要求的“资本维持”原则，无连带责任，又如何保护债权人的问题，就成为公众心目中有限责任合伙法的关键问题。对此，立法草案提出了两项债权人保障机制：①“资产取回”规则，取回资产的范围涉及合伙成员在合伙无清偿能力前 2 年内从合伙的提款，但是合伙人为合理的家庭开支而提取的款项除外；②“成员担保”制度，它要求有限责任合伙如果清算时的资产少于一特定数目——该数目与合伙的规模相关——合伙的每一位成员都应当提供一定金额的资金。“成员担保”制度也就意味着合伙成员担保公司清算时的资金达到一定规模，否则清算人可以要求成员另行缴付资金。但是，合伙成员彼此之间不对这种缴付义务承担连带责任。这种缴付义务在合伙解散 5 年后才消除，以避免合伙人通过辞职而逃避债务。显然，这种担保条款实际上是公司法中的资本维持原则的翻版。但设置“资产取回”和“成员担保”的双重保障机制遭致争议。英国律师公会强烈反对“成员担保”机制，认为在公司法的资本维持原则下并不能真正担保债权人就能得到补偿的现代社会里，要求一个有限责任合伙的成员担保清算时的资产数额是不现实，也是不公平的；相反，会计师们却愿意接受成员担保制度，而反对“资产取回”的规则，他们担心这会破坏合伙人长期以来习惯的提款制度。

在经过三年之久的咨询与论证后，2000 年 7 月，英国议会通过了《有限责任合伙法》。它是面向公众，特别是中小商业活动的一种新的组织形式。作为一种妥协，最终成文的《有限责任合伙法》只是一纸薄薄的法律文件，仅有 19 个条款和一个附录，草案中去掉了保护专业人士利益的一些条款，增加了对专业人士的各种监管规则。但是，几项最为关键的规则，如合伙人的有限责任、合伙的单一税负，都保留下来，从而为专业人士在合伙壳下寻求法律责任的庇护提供了一个法律框架。会计师们也付出了相应的代价，那就是账目公开、接受审计以及在清算时适用“资产取回”规则。普通合伙组织形式中为专业人士所珍视的几项价值——灵活性、非程式性以及非公开，在有限责任合伙中都大大地削弱了。

2000 年底，英国政府根据《有限责任合伙法》的授权，对有限责任合伙适用。有限责任合伙，自此在英国获得了法律的正式认可。

2. 美国历程

1991 年德克萨斯州所颁布了美国第一个《有限责任合伙法》。其中规定：“一个专业合伙中的合伙人对另一个合伙人、雇员或合伙代表在提供专业服务时的错误、不作为、疏忽、缺乏能力的或者渎职的行为，除其在合伙中的利益外，不承担个人责任。”普通专业的合伙组织只要通过简单的注册程序就可以转化为有限责任合伙，从而免除合伙人对其他合伙人的侵权行为的连带责任。

虽然对于陷于储贷协会危机之水深火热中的会计师，它无法解除专业合伙组织在转化成有限责任合伙前的行为所承担的法律责任，但是这一立法毕竟将专业人士期望的组织形式——既保留合伙的特征，又限制合伙人的责任——变成了现实，因此它受到专业人士的热烈欢迎。不仅是传统的职业组织,如会计师行、律师行等,迅速注册为有限责任合伙,甚至连有 100 多年历史的老牌投资银行——高盛,也加入了有限责任合伙的行列。

继德州之后,美国各州陆续的出现了制订此项法律的热潮。有限责任合伙的规则也逐步完善起来,责任保护的范围从侵权责任扩展到合同责任,有些州甚至扩大到合伙一切的直接或间接债务;保护债权人的必要措施也建立起来了,从强制保险、设立赔偿基金到限制分配,要求合伙人对自己的不当执业行为承担直接的个人责任,等等,力图在保护合伙人的同时为债权人建立必要的替代赔偿资源。1996 年,为了协调、统一各州有限责任合伙的规则,美国统一州法委员会对 1994 年刚颁布的《统一合伙法》进行了修改,增加了“有限责任合伙”和“非本州有限责任合伙”的条款,从而将有限责任合伙正式纳入《合伙法》的框架下。

二、我国会计师事务所的演进历程

我国会计师事务所的组织形式演进见表 7 - 3。

1980 年 12 月 23 日,财政部颁发了《关于成立会计顾问处的暂行规定》,正式允许在中国恢复注册会计师制度,成立会计师事务所,接受委托对中外合资企业提供各类会计服务。1980 年 9 月 1 日甘肃会计师事务所成立;1981 年 1 月 1 日,上海会计师事务所成立;截止到 80 年代中期,几乎每个省都出现了会计师事务所。

1992 年春天,邓小平同志南巡讲话公开发表之后,建立社会主义市场经济成为当时经济改革的目标。这一时期,全国兴起大办公司的热潮,更促进了会计师事务所的快速发展。到 1992 年底,全国已有会计师事务所 1 422 家。在当时的历史条件下，国有、公有的经济几乎是我国唯一的经济成分，另一方面，注册会计师事业的恢复主要是着眼于对中外合营企业里外方出资情况以及合营合同的履行情况进行监督的需要，所以当时组建的会计师事务所都是以国有经济作为基础的。我们便可以推知，当时我国的会计师事务所所承担责任的范围是有限责任，因为一般来说国家不可能举一国之力为一个单位承担无限责任。

表 7-3　中国会计师事务所组织形式演进①

1980 年	财政部发布《关于成立会计顾问处的规定》标志着注册会计师行业的恢复
1986 年	《注册会计师条例》《会计师事务所管理条例》颁布，会计师事务所必须挂靠政府部门
1993 年	《注册会计师法》规定会计师事务所采取有限责任公司制或者合伙制
1999 年	《会计师事务所脱钩改制实施意见》颁布
2006 年	修改《合伙企业法》，允许采取特殊普通合伙
2007 年	在深圳开始试点会计师事务所组织形式由有限责任公司转制为特殊普通合伙
2010 年	财政部发布《关于推动大中型会计师事务所采用特殊普通合伙组织形式的暂行规定》全面推进特殊普通合伙制组织形式

1980 年财政部的《关于成立会计顾问处的暂行规定》、1986 年国务院的《注册会计师条例》，都规定会计师事务所为国有、国营，《注册会计师条例》还明确规定事务所是经国家批准的事业单位。

① 王朝阳. 会计师事务所组织形式研究综述与展望[J]. 湖南社会科学，2012，(4).

这种挂靠政府机关的事务所，其财产归国家所有，没有自我约束的机制，因为背后有挂靠单位，事务所不需要承担很大的风险，即使是要承担责任，责任最终还是由挂靠单位（国家）这个后台承担，注册会计师个人从法律责任来说是"无责任制"。这种无责任约束的会计师事务所导致了执业质量的低下，不符合市场经济发展规律，也束缚了注册会计师事业的发展。

自1992年起，围绕注册会计师的执业先后发生过多起市场危机，如深圳原野、长城机电、海南中水国际等。这些事件所暴露的注册会计师执业质量低下引起社会的关注。然而，牵连"原野事件"的特区事务所的挂靠单位是深圳市财政局，这样相应的处罚也就无法执行了，对特区会计师事务所没收财产，无非是将原来从深圳财政局分出去的财产再交回财政局。会计师事务所与政府部门和发起单位脱钩的改革成了迫在眉睫的事情。

1994年施行的《注册会计师法》要求会计师事务所必须是合伙制或有限责任制，且要求所有的事务所必须独立执业。为配合《注册会计师法》的执行，1993年12月，财政部发布《有限责任会计师事务所设立及审批暂行办法》，对新设立有限责任会计师事务所做出具体要求，同时，对已设立的事务所发出限期脱钩和清理整顿的规定。但与当时党政机关与所办经济实体脱钩的执行情况相类似，这次会计师事务所旨在脱钩的清理整顿不了了之。1997年起，证券市场又出现系列危机事件。琼民源、四川红光、东方锅炉等上市公司的财务报表存在重大欺诈行为，而这些报表都是经注册会计师审计并签署意见。注册会计师执业质量问题再度引起社会关注。

深圳特区于1998年宣布全市的事务所已经全部脱钩并改制成合伙制。但深圳合伙制会计师事务所在跨地区执业时相对于其他省份的有限责任制会计师事务所处于明显的劣势证实了，当时有限责任组织形式的存在将影响到非有限责任形式的会计师事务所的竞争能力。因此丝毫不令人奇怪，改制完成后不久，深圳的合伙制事务所又纷纷去工商局登记为有限责任公司，深圳注协对此也采取了默认态度。这种“假合伙，真有限”的组织形式并没有达到对业界的真正约束。

1998年财政部颁布的《关于中外合作会计师事务所中方事务所体制改革的若干规定》第三条第一款规定：“由在合作所工作的符合条件的中国注册会计师发起成立有限或无限责任的会计师事务所”，而第二款又规定：“中国注册会计师发起组成的中方事务所，在体制上应当与国际惯例接轨，实行合伙制管理。”1998年7月3日财政部又进一步发出了《会计师事务所扩大规模若干问题的指导意见》的通知，提倡事务所采取合伙制的组织形式经营，采取紧密型方式扩大规模。由此可见，财政部在会计师事务所组织形式的责任承担方式和管理制度上一直都比较矛盾。

在国务院领导的督促下，1998年底，首批具有证券执业资格的103家会计师事务所完成了脱钩工作，与原先的挂靠单位彻底脱钩，成为真正独立的公司法人。自1999年起，全国所有会计师事务所逐步完成了脱钩改制工作。这种改制的优点是明显的，它避免了事务所的分裂，以整建制的方式造就了一批比较独立的事务所。但是由于当时的目的只在于脱钩，却忽略了会计师事务所组织形式的规制，脱钩后，尽管合伙制在《注册会计师法》中是作为首选形式出现的，由于趋利避害的“经济人”本性，大部分事务所采取了有限责任公司的形式。到2000年改制全部结束时，全国有4 065家会计师事务所（占全部事务所总数的88%）采取了有限责任公司的形式。由于忽略了组织形式及相关制度的建设，导致我国会计师事务所虽然脱钩，但是实际执业承担的法律责任跟改制前相差无几，为会计师事务所的发展埋下隐患。

事实上，有限责任会计师事务所的危害已在一些审计案件中得到充分体现。2001年国内会计造假案件频发，“亿安科技”“银广夏”“麦科特”等事件中的中诚（后改名同人）、中天勤和华鹏会计师事务所的违法不能不说是组织形式制度建设缺乏埋下的隐患。例如，因银广夏事件而倒闭的中天勤会计师事务所，在暴露了审计过程存在重大过失后，留下200万资本金，其余人员在分完事务所剩余财产后即分道扬镳，到外资事务所或其他事务所高就，薪酬仍然不菲。因为事务所业务收入的大部分由负责人分享，但是业务产生的风险却仅限于事务所的全部资本，事务所的负责人为了个人的经济利益，不仅可能滋生过激的商业行为倾向，还可能扭曲了激励约束机制，如限制员工职位的提升、长期不肯新增内部负责人。深圳某些会计师事务所审计失败频频，原有七家有证券业务资格的事务所经2001年检后被取消了三家，就是这一现象的佐证。政府开始着力于推动我国会计师事务所向合伙制转换。

2000年由财政部、中国注册会计师协会发布《会计师事务所合并审批管理暂行办法》第四条规定，不同组织形式会计师事务所之间合并，以及合伙会计师事务所之间合并，合并后存续或新设的事务所应采取合伙组织形式。有限责任事务所之间合并，合并后事务所应采取合伙组织形式;采取合伙组织形式确实有困难的,可先采取有限责任组织形式,应在其章程、协议中明确向合伙事务所过渡的期限。从当年6月开始,我国停止了对有限责任制会计师事务所的审批。

2001年10月财政部公布了《注册会计师法(修订草案)》(征求意见稿),进一步将有限责任合伙列入我国会计师事务所的组织形式,提出可以采取个人会计师事务所、合伙会计师事务所、有限责任合伙会计师事务所和有限责任会计师事务所等组织形式。广大注册会计师对《征求意见稿》中的有限责任合伙制的规定予以了重大的肯定。在有限责任合伙制的组织形式下,会计师事务所以全部资产对其债务承担有限责任,各合伙人对个人执业行为造成的结果承担无限责任,但合伙人之间不相互承担连带责任,作为合伙人,不必为别人的错误或舞弊行为付出惨重代价,很大程度上解除了后顾之忧。同时,注册会计师(签字合伙人)个人承担的无限赔偿责任,充分反映了注册会计师行业的公证作用,会增加社会公众对行业的认同感。但立法者出于《合伙企业法》中没有相关规定的考虑,且对事务所具体形式运行的条件并没有达到大部分人的共识,最后将这个体现英美各国国际会计事务所组织形式潮流的“舶来品”拒之门外。2005年财政部发布了《会计师事务所审批和监督暂行办法》,其中规定注册会计师可以申请设立合伙会计师事务所或者有限责任会计师事务所,有限责任制度仍然存在于相关法律法规之中,有限责任合伙依然没有露面。虽然有限责任合伙制没有出现在当时的相关法律法规中,但对于有限责任合伙的肯定已经成为注册会计师和广大学者的共识。

第七章　提高我国小型会计师事务所审计质量的对策

随着对外开放步伐的加快和会计服务业的不断成熟，面对国际性会计事务所对我国会计服务市场的蚕食，为了支持我国国内会计师事务所的发展，经过几年的积极准备，有限责任合伙终于诞生了。2006 年 4 月 25 日全国人大财政经济委员会副主任委员严义埙在第十届全国人民代表大会常务委员会第二十一次会议上作了“关于《中华人民共和国合伙企业法(修订草案)》的说明”报告，在报告中指出：“由于我国合伙企业法没有规定有限责任合伙，只规定了全体合伙人承担无限责任的普通合伙，因此，会计师事务所等专业服务机构的发展受到很大限制，规模普遍较小，难以与国外的专业服务机构展开竞争。这就迫切需要在合伙企业法中明确规定有限责任合伙的组织形式，以利于这类机构发展壮大以及与国际专业服务机构竞争。”2006 年 8 月 27 日，第十届全国人民代表大会常务委员会第二十三次会议修订了《中华人民共和国合伙企业法》，在“普通合伙企业”(第二章)一章中增加了“特殊的普通合伙企业”一节，针对专业服务机构建立特殊的普通合伙，对特殊的普通合伙企业的适用范围、特殊的普通合伙的公示要求、特殊的普通合伙企业合伙人的责任形式、特殊的普通合伙企业债权人的保护等内容做了规定。

2007 年 3 月 1 日起施行的《深圳经济特区注册会计师条例》(以下简称《条例》)，在行业管理方式、事务所组织形式、自律管理等方面都有很多创新，其中重要的几个方面包括对注册会计师行业实行执业注册和会员登记管理制度；新增“特殊普通合伙会计师事务所”组织形式，促进会计师事务所做强做大；加强政府部门的协调与沟通，建立对注册会计师行业的“大监管”模式；强化行业自律;通过对会计师事务所年度报备和会计师事务所执业许可证换发的规定完善日常管理。《条例》从法律层面解决了注册会计师行业发展中遇到的问题,既为深圳会计师事务所实现跨越性发展开辟了新的道路,也将促进注册会计师行业在建设和谐深圳和效益深圳方面提供更好的服务。

《条例》规定,会计师事务所的组织形式为合伙会计师事务所。合伙会计师事务所包括普通合伙会计师事务所和特殊的普通合伙会计师事务所。现有会计师事务所可以转制成特殊的普通合伙会计师事务所。这一规定体现了《合伙企业法》的精神,更明确了深圳市会计师事务所在组织形式选择上的取舍。《条例》施行后,深圳市有 50 多家会计师事务所提出申请改制为特殊普通合伙制会计师事务所。有关部门依据注册会计师数量、营业收入规模、有无行业不良记录等条件进行综合评价,最终选择了 14 家事务所(其中 12 家为普通合伙制会计师事务所,2 家为有限责任制会计师事务所)进行首批改制试点。

2010 年 7 月 21 日,发布关于印发《财政部、工商总局关于推动大中型会计师事务所采用特殊普通合伙组织形式的暂行规定》的通知(财会〔2010〕12 号),要求在我国全面推进特殊普通合伙组织形式的会计师事务所。

截至 2017 年 12 月,《财政部、工商总局关于推动大中型会计师事务所采用特殊普通合伙组织形式的暂行规定》的通知(财会〔2010〕12 号)已经发布了七年多,以湖北省为例,全省共 382 家会计师事务所(含分所),仅有 25 家会计师事务所为特殊普通合伙形式,且大部分事务所仍然为有限责任公司形式。事务所改制进程任重而道远。

三、不同形式事务所对审计质量的影响

(一)独资事务所和普通合伙制事务所

个人独资事务所由于个人独资,具有灵活性强的特点,且个人承担无限责任,毫无疑问,注册会计师在执业过程中会保持应有的职业谨慎,有助于审计质量的提高。但是,个人独资的事务所规模有限,仅靠个人力量难以发展壮大。随着时代发展,公司的规模越来越大,个人独资事务所无力承担大型公司的审计业务,因此,不利于审计行业的发展,也不能提高审计质量。

普通合伙制事务所在个人独资事务所的基础上,加入了更多的合伙人,有助于提升事务所的实力,同时合伙人之间按照连带责任对事务所债务承担无限责任,有助于促使注册会计师保持执业谨慎,提升审计质量。但是,合伙制的会计师事务所基于人和性质,合伙人之间必须相互了解相互信任,因此,合伙人的数量不可能太多,否则,就违背了人和的精神。同时,普通合伙制事务所不利于事务所的扩张,不能适应日益变化的现代社会,不能承担规模大的项目的审计工作,因此,不利于注册会计师行业的发展,不利于审计质量的提升。

(二)有限责任公司制事务所

有限责任公司制事务所从产生开始,就存在很大的争议,公共认为注册会计师承担有限责任与注册会计师的专业形象不相符,但是,注册会计师出于从自身利益出发,促使国家立法通过了有限责任形式的会计师事务所,因此,有限责任形式的会计师事务所它

只是几股力量博弈的中间产物,注定不是一种完美的制度。这种形式的事务所的最大弊端是弱化了注册会计师的责任,致使注册会计师在利益的驱使下做出影响审计质量的举动。不管是国际上,还是中国出现的引人注目的审计失败的案例,大多都出现在有限责任公司制事务所背景之下。因此,有限责任公司制事务所虽然有助于注册会计师行业的迅速扩张,但是非常不利于审计质量的提升。

(三)有限责任合伙制事务所(特殊普通合伙)

有限责任合伙制事务所在中国称为特殊普通合伙会计师事务所,该形式的会计师事务所是各国对公司法律制度探索的结晶,既保留合伙的特征,又限制合伙人的责任。特殊普通合伙会计师事务所中,若是由于合伙人非故意或者非重大过失引起的损失,则全体合伙人承担无限连带责任;若是由于合伙人故意或者重大过失引起的损失,则该合伙人承担无限连带责任而其余的合伙人承担有限责任,以其出资额为限。

在这种责任承担模式下,有助于实现责任的划清与风险的控制,对合伙人有较强的激励作用,有利于会计师事务所发展壮大,这样就可以具备承接大型审计项目的条件,促进了注册会计师行业的发展。同时,每个合伙人在执行业务时,从自身责任的角度出发,务必会保持执业谨慎,有助于审计质量的提升。

因此,在这种形式的会计师事务所下,既有利于注册会计师行业发展,与现代经济发展相适应,又有利于注册会计师提升审计质量,是目前状态下比较完美的一种制度。

通过对会计事务所的发展历程进行了纵观和分析,纵观发展历程，我们不难发现，会计师事务所的组织形式一直是两方力量博弈的结果。一方是社会公众，他们希望注册会计师能够以严谨的态度出具值得大众信赖的文件，而提升大众信赖的方式就是让文件的结果和注册会计师紧密相连；另一方是注册会计师，他们不希望承担的风险超过自身可以接受的范围，即不希望为别人的错误买单。在这两方力量的不断博弈下，最终寻找到了可以满足两方需求的方式——有限责任合伙制事务所（特殊普通合伙）。可以说，有限责任合伙制事务所（特殊普通合伙）是历史产物，只有这种组织形式，最有利于提升审计质量。

第三节　提高注册会计师审计质量的对策

一、进一步推进事务所改制工作

在我国，事务所是经国家批准、依法设立并独立承办注册会计师业务的机构。事务所是注册会计师的工作机构，注册会计师只有加入事务所才能承接业务。当前，我国事务所有三种组织形式：有限责任制、普通合伙制和特殊普通合伙制。

（一）有限责任事务所

有限责任事务所是指由注册会计师出资发起设立、承办注册会计师业务并负有限责任的社会中介机构，事务所以其全部资产对其债务承担责任，出资人承担的责任以其出资额为限。

设立有限责任事务所必须符合下列条件：①有 5 名以上的股东；②有一定数量的专职从业人员；③有不少于人民币 30 万元的

注册资本;④有股东共同制定的章程;⑤有事务所的名称;⑥有固定的办公场所。

有限责任事务所的主任会计师由法定代表人担任,法定代表人由股东担任。

(二)普通合伙事务所

普通合伙事务所是由注册会计师合伙设立、承办注册会计师业务的社会中介机构,合伙人按出资比例或者协议的约定,以各自的财产对事务所的债务承担无限连带责任。

设立普通合伙事务所必须具备下列条件:①有 2 名以上的合伙人;②有书面合伙协议;③有事务所的名称;④有固定的办公场所。

普通合伙事务所的主任会计师由执行事务所事务的合伙人担任。

(三)特殊普通合伙事务所

特殊普通合伙事务所是由事务所的合伙人设立,各合伙人根据协议出资、合伙经营、共享收益、共担风险,依照法律的规定和协议的约定对事务所的债务承担责任。无过失的合伙人对于其他合伙人的过失或不当执业行为以自己在事务所的财产为限承担责任,不承担无限责任。它的最大特点在于既融入了普通合伙事务所和有限责任事务所的优点,又摒弃了它们的不足。

设立特殊普通合伙事务所必须具备下列条件:①具备注册会计师执业资格的合伙人不少于 25 名,具备注册资产评估师、注册税务师、注册造价工程师执业资格的合伙人不得超过合伙人总数的 20%;②合伙人出资总额为不低于人民币 1 000 万元;③有书面合伙协议；④有事务所的名称；⑤有固定的办公场所。

特殊普通合伙事务所的主任会计师由执行合伙事务的首席合伙人担任。

要成为事务所的合伙人或股东，需具备严格的条件，如持有注册会计师证书、专职执业、具有丰富的独立审计经验和良好道德记录等。

目前，我国仍处于三种组织形式并存的状态，以宜昌市 2014 年的数据为例，见表 7-4。

表 7-4　宜昌市注册会计师管理中心会计师事务所 2014 年度主要数据指标

单位名称	会计师事务所机构人员概况					会计师事务所经营情况			2014 年收入排名
	负责人	人员情况			合伙人数	客户数量	业务收入/万元	年纳税/万元	
		总人数	注册会计师	从业人数					
湖北华审会计师事务所	胡兴鹏	82	22	60	6	1 875	2 248.88	122.00	1
瑞华会计师事务所宜昌分所	熊红梅	40	11	29	2	92	1 060.00	54.00	2
宜昌三峡会计师事务所	陈家翠	56	15	41	5	612	698.00	31.60	3

续表

单位名称	会计师事务所机构人员概况					会计师事务所经营情况			2014年收入排名
	负责人	人员情况			合伙人数	客户数量	业务收入/万元	年纳税/万元	
		总人数	注册会计师	从业人数					
湖北赛因特会计师事务所	陈明曦	29	14	6	2	340	583.00	17.50	4
湖北佳信联合会计师事务所	赵琼	16	10	6	2	56	532.00	33.70	5
宜昌长江会计师事务所	杨兵	30	12	18	5	233	446.00	15.50	6
湖北众证会计师事务所	邓红	35	17	18	5	220	320.00	11.00	7
湖北大地会计师事务所	陈素萍	18	9	9	5	300	316.00	17.00	8
宜昌天成会计师事务所	张军	22	9	13	5	153	300.00	10.00	9
宜昌诚信会计师事务所	姜超	22	11	11	5	521	280.00	9.40	10
宜昌中信联合会计师事务所	郑诗玉	12	4	8	2	278	177.00	6.60	11
湖北华海会计师事务所	刘光务	16	8	8	5	99	103.00	3.50	12

续表

单位名称	会计师事务所机构人员概况					会计师事务所经营情况			2014年收入排名
	负责人	人员情况			合伙人数	客户数量	业务收入/万元	年纳税/万元	
		总人数	注册会计师	从业人数					
湖北隆兴宜昌分公司	袁江华	12	6	6	2	79	83.00	2.80	13
湖北锐达会计师事务所	蔡宏卫	13	7	6	5	102	66.00	0.80	14
宜昌仁和信会计师会计师事务所	邓道静	5	2	3	2	28	33.00	1.10	15
合计		408	157	251	61	4 988	7 245	337	

宜昌市属于地级市，经济发展水平处于湖北省中游，本地会计师事务所 2014 年收入超过 1 000 万元的只有两家，因此本地所基本都属于小型会计师事务所。

按照事务所形式分类，2017 年已尝试各种形式的会计师事务所分类见表 7 - 5。

表 7 - 5　宜昌市会计师事务所形式 2017 年度分类

单位名称	普通合伙	有限责任	特殊普通合伙
湖北华审会计师事务所		1	
瑞华会计师事务所宜昌分所			1
宜昌三峡会计师事务所		1	

续表

单位名称	普通合伙	有限责任	特殊普通合伙
湖北赛因特会计师事务所		1	
湖北佳信联合会计师事务所	1		
宜昌长江会计师事务所		1	
湖北众证会计师事务所		1	
湖北大地会计师事务所		1	
宜昌天成会计师事务所		1	
宜昌诚信会计师事务所		1	
宜昌中信联合会计师事务所	1		
湖北华海会计师事务所		1	
湖北隆兴宜昌分公司		1	
湖北锐达会计师事务所		1	
宜昌仁和信会计师会计师事务所	1		
合计	3	11	1

根据表 7-5 我们可以看出，15 家会计师事务所中，11 家是有限责任形式，3 家属于普通合伙，1 家属于特殊普通合伙（瑞华会计师事务所宜昌分所）。截至 2014 年宜昌市会计师事务所形式以有限责任公司形式为主，这种组织形式的会计师事务所虽然在我国注册会计师行业发展史上具有不可或缺的作用，为注册会计师行业的发展壮大起到了重要作用，但是其弊端越来越明显，即弱化了注册会计师的责任，而弱化注册会计师责任的最直接后果就是影响到了注册会计师执业的谨慎性，最终影响审计质量。

宜昌市地处中部，经济发展水平处于中游水平，因此在全国具有一定的代表性。虽然目前具有证券资格的会计师事务所已经改制为特殊普通合伙事务所，但是，上市公司毕竟只是我国企业中的少数，大多数企业还是属于非上市企业，而服务于这些非上市企业的仍然是大量的中小型会计师事务所，且组织形式大都是有限责任公司形式，因此，推进会计师事务所从有限责任公司形式向特殊普通合伙形式过渡，仍然在路上。

二、推进现代风险导向审计在小型会计师事务所的运用

以 A 会计师事务所为例，小型会计师事务所目前采用的审计模式一共有三种，分别是现代风险导向审计、详细审计和抽样审计。不可否认，这样的安排具有合理性，小型会计师事务所中的客户有的规模较小，采用详细审计更加有效率。但是对于规模相对较大的客户，采用风险导向审计对于提高审计质量，降低审计风险更加有利。可以从以下几个方面推进现代风险导向审计在小型会计师事务所中的运用。

（一）适当简化审计程序

对小型企业内部组织简单、财务信息较少的考量，小型事务所可以适当简化审计程序，但必须保障执行的审计程序行之有效。

(1)简化控制测试。针对内部控制测试，在询问的基础上可以采用调查问卷的方式，根据内控测试表设计问卷内容，细化选项，使注册会计师在内控测试时收集的信息更加具体。此外，问卷应当根据被审计单位情况做出适当调整。

(2)简化风险评估程序。由于小型会计师事务所执行的审计

业务往往是一定区域内的企业，其行业地位主要限于本地，如A会计师事务所的客户大多属于宜昌市的地方企业，行业影响仅限于本地，因此，对于企业的外部信息的分析可以适当简化，进而可以适当简化风险评估程序。

（二）提高审计人员的素质

现代风险导向审计模式对注册会计师的职业判断要求更高，在评价被审计单位内外部情况时，注册会计师的职业判断起到了至关重要的作用。因此，注册会计师应当加强自身专业知识储备，及时更新并拓宽知识结构，依靠不断积累的执业经验以及同业交流，培养和提高专业判断能力。

现代风险导向审计对注册会计师的知识结构提出了更高的要求。注册会计师不仅要掌握会计、审计的专业知识，也要对企业管理、风险评估、数量统计等相关学科领域了解。小型事务所在招聘人才时，可以不仅仅关注对口专业人员，对于企业管理、计算机专业的应聘者也应给予一定关注。事务所可以定期聘请专业人员对审计人员进行培训，更新从业人员的知识结构。

三、严格注册会计师行业的行政监管和行业自律

(1)强化行业监管。各级财政部门要加强对注册会计师行业的监管，建立健全行业监管跨部门沟通协调机制，不断深化与国税、地税、审计、工商、银行等部门的写作配合，切实形成监管合力。要将行业监管与行业自律有机结合起来，探索建立和完善定期检查、专项检查和日常检查相结合的联合检查制度，采取统一组织，交叉检查的办法，实行监督检查信息共享，不断提高监管效能。要

合理运用行政处罚和行业惩戒手段，对受到行政处罚和行业惩戒的会计师事务所实行跟踪整改制度。

(2)加强诚信建设。要大力弘扬以诚信为本、操守为重的良好风尚，塑造独立、客观、公正的社会形象。建立会计师事务所和注册会计师的诚信档案制度，积极探索会计师事务所评级制度，建立会计师事务所诚信公约制度。

四、加强会计师事务所的内部治理

(1)完善管理制度。会计师事务所要充分吸收借鉴国内国际同行业先进管理经验，建立以维护公众利益为宗旨，以法律法规为依据，以章程、合伙协议为核心的内部管理制度体系，建立和健全执业质量控制、档案、保密等一系列管理制度。

(2)严格质量控制。会计师事务所应当按照质量控制准则的要求，制定实施科学、严谨的业务质量控制办法和程序，强化风险管理。要完善质量控制和复核、风险评估、质量检查以及质量控制责任追究、重大风险专项报告等制度。切实落实执业风险基金制度，提高抵御职业责任风险的能力。

(3)建设人合文化。积极培育“人和、事合、心合、志合”的会计师事务所合伙文化，主任会计师、合伙人(股东)和高级管理人员应当做讲诚信、重协商、谋合作、相互信任、相互包容的带头人，同时积极引导和严格规范从业人员行为，培育员工团队精神，增强会计师事务所发展的凝聚力和创造力。

五、加大宣传力度，创造更好的外部环境

各级财政部门和注册会计师行业协会要加大对注册会计师行业执业性质、职能作用、发展状况、先进典型等的宣传力度，提高全社会对注册会计师行业的认知度和认同度，营造理解、支持、尊重注册会计师行业的良好氛围，为促进注册会计师行业科学发展创造更好的发展环境。

本章提出了提升注册会计师审计质量的几点建议，其最重要的一点是推进事务所改制。有限责任公司形式的会计师事务所的弊端已是众所周知，但是，由于一些利益相关者的原因，事务所改制工作止步于中小型会计师事务所。希望有关部门能够拿出有力措施，推进改制工作。同时，现代风险导向审计的运用对于提升审计质量有着重要的意义，因为“打铁还需自身硬”，不管什么措施，都只是外部因素，提高注册会计师审计质量，最重要的因素在于注册会计师及会计师事务所本身。

第八章　结　　语

本书首先对审计模式的发展进行了介绍，现代风险导向审计是历史发展的产物，对于审计质量的提高有着重要作用。接下来对审计质量的内涵和标准进行了界定，进而对小型会计师事务所的审计质量评价模式进行了探讨，并对 A 会计师事务所的审计质量进行了评价。在此基础上，以 A 会计师事务所的一个审计案例对目前小型会计师事务所审计过程中存在的问题及原因进行了分析，并对如何提高小型会计师事务所审计质量提出了建议。

本书创新点如下。

(1)本书以现代风险导向审计模式如何在小型会计师事务所中运用作为研究对象，这是与之前的专家学者的不同之处，之前对于现代风险导向审计的运用主要是以大型会计师事务所为主体。

(2)会计师事务所总体质量评价指标体系的构建。如何评价事务所的审计质量是目前许多学者探讨的课题，本书构建了一套评价小型会计师事务所综合质量的指标体系，意在提出一种思路，以供参考。本书利用 yaahp(Yet Another AHP)是由山西元决策软件科技有限公司推出的一个层次分析法软件,制定了针对小型会计师事务所的评价体系,意在客观、公正地评价小型会计师事务所的审计质量。从评价结果来看,中小会计师事务所的审计质量有待提升。

(3)以宜昌市会计师事务所为例,研究目前会计师事务所存在的主要形式,发现目前小型会计师事务所最主要的组织形式仍然是有限责任公司形式,同时,中小会计师事务所是为非上市公司提供审计服务的中坚力量,而我国经济体系中,非上市公司的数量占大多数,中小会计师事务所如果还是以有限责任公司形式存在,这将对审计质量的提高是一个非常大的阻碍。因此,推进中小会计师事务改制迫在眉睫。

(4)在小型会计师事务所中,推进现代风险导向审计具有可行性,但是,不能实行一刀切。在小型会计师事务所中,审计模式可以多样化,除了现代风险导向审计模式以外,还可以采用详细审计、系统导向审计。

参考文献

[1]叶琼燕. 审计师个人特征与审计质量[J]. 山西财经大学学报,2011(2):117-124.

[2]何威风,刘巍. 企业管理者能力审计收费[J]. 会计研究,2015(1):82-89.

[3]李江涛,宋华杨,邓迦予. 会计师事务所转制政策对审计定价的影响[J]. 审计研究,2013(2):99-105.

[4]张丹萍. 浅议我国会计师事务所审计质量控制[J]. 商业经济,2012(20):102-103.

[5]叶陈刚,骆琼芳. 小型会计师事务所审计质量控制机制构建——以京华ZYD会计师事务所为例[J]. 财会月刊,2012(14):63-67.

[6]刘笑霞,李明辉. 会计师事务所人力资本与审计质量——来自中国资本市场的经验证据[J]. 审计研究,2012(2):82-89.

[7]龚启辉,李志军,王善平.资源控制权与审计师轮换的治理效应[J].审计研究,2011(5):73-81.
[8]陈良华,冯文滔,陈吉凤.机会主义倾向、经营风险与审计质量[J].审计与经济研究,2011(4):21-28.
[9]江伟,李斌,审计任期与审计独立性——持续经营审计一线的经验研究[J].审计与经济研究,2011(2):47-55.
[10]张健,谷粟.我国会计师事务所审计质量控制研究[J].经济研究导刊,2011(5):129-130.
[11]李晓慧,王璐.执业团队中注册会计师的情感与表达行为的关系[J].审计研究,2010(4):89-95.
[12]谢盛纹,孙俊奇.制度环境、审计行业专业性与审计质量——一项实证研究[J].当代财经,2010(7):119-126.
[13]冯延超.上市公司法律风险、审计收费及非标准审计意见——来自中国上市公司的经验证据[J].审计研究,2010(3):75-80.
[14]巴玉,王中艳,陈淼.我国上市公司注册会计师审计质量控制[J].企业导报,2010(2):134-125.
[15]李勇.浅议审计质量控制[J].中国集体经济,2010(4):153.
[16]刘文军,米莉,傅轩.审计师行业专长与审计质量——来自财务舞弊公司的经验证据[J].审计研究,2010(1):47-53.
[17]黄英君.我国上市公司审计质量影响因素的深证研究[D].沈阳:辽宁大学,2011.

[18]梁瑛. CPA 审计质量影响因素研究[D]. 南昌:南昌大学,2010.

[19]吴昊旻. 惩戒风险、事务所规模与审计质量——来自中国审计市场的经验数据[J]. 审计研究,2015(1):75 - 83.

[20]李明辉. 会计师事务所合并对审计质量之影响:来自中国资本市场的经验数据[J]. 管理工程学报,2015(1):169 -182.

[21]赵彬. RH 会计师事务所审计质量评价指标研究[D]. 西安:西安石油大学,2015.

[22]郭涛. TJ 会计师事务所 HN 分所审计质量评价研究[D]. 长沙:长沙理工大学,2015.

[23]刘蕊. 会计师事务所审计质量评价体系研究[D]. 昆明:云南大学,2015.

[24]杨帆. 基于中兴财光华会计师事务所审计质量评价体系研究[D]. 石家庄:河北大学,2014.

[25]陈晓芳. 注册会计师审计质量理论与实证研究[D]. 武汉:武汉理工大学,2005.

[26]崔丰慧. 我国会计师事务所组织形式的选择[D]. 南昌:江西财经大学,2006.

[27]王朝阳. 会计师事务所组织形式研究综述与展望[J]. 长沙:湖南社会科学,2012(4):124 - 127.

[28]卢尧. 会计师事务所组织形式的变化与审计质量[D]. 苏州:苏州大学,2015.

[29]李君. 论审计的独立性[M]. 北京:立信出版社,2000.

[30]蔡春,赵莎.现代风险导向审计论[M].中国时代经济出版社,2006.

[31]刘晓红.现代风险导向审计在A小型会计师事务所中的运用研究[D].青岛:青岛理工大学,2015.